놀이로 키우는 교육

아이는 놀이 마술사

미래라이프

• 머리말

"놀이의 가장 중요한 재료는 재미와 웃음입니다"

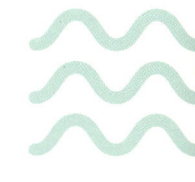

　친정 엄마를 천국으로 떠나보낸 힘든 나날 속에서 제가 힘을 내야 하는 이유는 단 하나, 저 또한 엄마라는 사실이었습니다. 엄마가 어느 날 갑자기 떠나갔지만, 제가 세 아이의 엄마라는 사실은 변하지 않는 현실이었고 힘을 낼 수밖에 없었던 이유였지요. 엄마의 죽음이라는 큰 슬픔 속에서 '나는 앞으로 어떤 사람으로 살아갈 것인가'에 대한 깊은 고민에 빠지게 되었습니다. 삶의 종점에서 나는 어떤 사람으로 남고 싶은지, 또 앞으로 내게 주어진 환경 속에서 가장 하고 싶은 일이 무엇이며, 나와 아이들 그리고 다른 사람들과 함께 행복할 수 있는 길은 무엇인지 고민하게 되었습니다. 그런 고민을 하고 있을 때, 몇 년 전 친구가 아이들과 잘 놀아주는 저의 모습을 보고 "놀이 책을 써도 되겠다."라고 했던 말이 떠올랐습니다. 놀이 책은 아이들과의 놀이가 어려운 엄마들을 도울 수 있는 가치 있는 일이었고, 제게도 의미 있는 일이었습니다. 그렇게 놀이 책 집필은 제게 새로운 꿈으로 다가왔습니다.

　저는 그 꿈을 현실화시키기 위해 꿈꾸기 시작한 그날부터 바로 실행에 옮겼습니다. '첫째 아이와 그동안 즐겁게 놀이한 것들을 모아 정리하면 책 한권은 나오겠지'라는 단순한 생각에서 시작했지만, 그동안 놀이한 것들은 책으로 만들기에는 부족하다는 생각이 들

었습니다. 그래서 부족한 점들을 채워가며 첫째 아이가 어렸을 때 했던 놀이들을 아이들과 다시 해보기도 하고, 그 과정을 통해 더 다양하고 새로운 놀이들을 알게 되었습니다. 그리고 아이들은 놀이를 통해 제가 생각한 것보다 더 많은 아이디어를 제공해주었습니다. 그렇게 잘 놀아준 아이들 덕분에 책 한권이 탄생하였습니다.

이 책은 엄마의 솜씨와 손재주가 담긴 책이 아닙니다. 어떤 특별한 재료가 필요한 놀이를 다룬 책도 아닙니다. 솜씨도 없고 특별한 재료도 필요 없지만, 엄마의 조그마한 노력과 배려만 있으면 얼마든지 할 수 있는 놀이들을 담은 책입니다. 뚝딱 쉽게 만들어 마음껏 놀고, 망가져서 버려도 부담없이 만들 수 있기에 아깝지 않습니다. 이처럼 결과물에 연연해하지 않기에 놀이에 조금 더 집중할 수 있습니다.

놀이 재료가 없으면 없는 대로, 만들기가 잘못됐으면 잘못된 대로, 추가할 부분은 추가하고 불필요한 부분은 생략하면서 마음껏 만들어보세요. 육아에 정답이 없듯 놀이에도 정답이 없습니다. 놀이의 가장 중요한 재료는 재미와 웃음입니다. 아이들이 신나게 웃을 수 있다면 그것만으로도 충분히 훌륭한 놀이입니다.

값비싼 장난감, 교재, 교구보다도 아이들에게 필요한 것은 엄마의 사랑이라는 것을 기억하고, 간단한 것 하나라도 아이와 함께 만들어보면서 놀이를 즐겨보세요. 아이가 엄마의 사랑을 느낄 수 있는 시간들로 채워질 것입니다.

지금도 여전히 시행착오를 겪는 부족한 엄마이지만, 아이들과 함께 놀이하는 시간을 통해 그 부족한 점을 조금씩 채워가고 있지 않나 생각합니다. 아이들과 함께 온전히 놀며 시간을 보내고 있을 때 아이들에게서 행복감을 느낍니다. 그리고 저 또한 행복해집니다. 엄마를 좋아해주는 시간이 얼마나 남았을까요? 이제 조금만 더 크면 친구가 더 좋아지겠지요. 그러면 자연스럽게 아이와 함께 하는 시간은 줄어들 거예요. 그 시간이 오기 전에 아이와 함께 하는 시간을 최대한 즐겨보세요. 아이와 조금 더 행복한 시간을 보내고 싶은 부모님께 이 책이 유용하게 사용되어지기를 바랍니다.

언제나 놀이의 주인공인 태영이, 민영이, 윤영아! 엄마는 너희를 무척 사랑한단다. 지금처럼 밝고 건강하게 자라고 다른 사람들과 더불어 행복한 삶을 살아가길 바란다. 그리고 존경하고 사랑하는 남편 하용님! 당신이 내 옆에 없었다면 아마도 이 책은 세상 밖으로 나오지 못했을 거예요. 감사하고 사랑합니다.

좋은 출판사 만나기를 많이 기도했습니다. 좋은 출판사를 만나게 도와주시고 언제나 저의 삶을 이끌어 주시는 하나님께 감사합니다. 부족한 놀이들을 좋은 책으로 만들어준 미래지식 출판사에게 정말 감사합니다. 또한, 항상 힘나는 댓글로 응원해 주는 '아이들은 놀이마술사(카스 채널)' 구독자님들과 늘 아낌없는 사랑을 주는 우리 가족 모두에게 감사의 마음을 전합니다.

사랑스러운 삼남매 엄마, 이지선

● content

머리말 ● 03
집안에서 찾는 놀이 재료들 ● 10
놀이를 쉽게 하는 방법 ● 14

1장
웃음 가득한 놀이

신나는 도둑잡기 ● 18
시원한 얼음 케이크 ● 20
하늘을 나는 분수 ● 22
코가 늘어나는 피노키오 ● 24
반짝반짝 빛나는 이야기 ● 26
내 마음대로 퍼즐상자 ● 28
커다란 왕 주사위 ● 30
스트레스를 날리는 확성기 ● 32
참치 캔 피사의 사탑 ● 34
티셔츠 낙서 소동 ● 36
연기가 나오는 굴뚝 ● 38
춤추는 코끼리 ● 40
문이 열리는 세탁기 ● 42
흔들리는 치아 뽑기 ● 44
쓱싹쓱싹 양치 놀이 ● 46

2장
뚝딱뚝딱 멋지고 신나는 놀이

쌍둥이 골키퍼 ● 50
바다를 건너는 상자 배 ● 52
나는야 홈런왕 ● 54
둥실둥실 작은 배 ● 56
뛰뛰빵빵 핸들 놀이 ● 58
물이 떨어지는 세차장 ● 60
슝슝 날아가는 로켓 ● 62
칙칙폭폭 골판지 기찻길 ● 64
빨대 기찻길을 달리는 기차 ● 66
상자 속지로 만든 자동찻길 ● 68
요구르트 병 헬리콥터 ● 70
재미있는 골대 ● 72
우유갑 도로로 만든 사거리 ● 74
신나는 우유갑 미끄럼틀 ● 76
귀여운 미니 축구장 ● 78
떴다떴다 작은 비행기 ● 80
집안을 깨끗이 청소차 놀이 ● 82

3장
알록달록 예쁜 놀이

마음을 담은 상자 ● 86
무너뜨리기의 즐거움 ● 88
물감 바다 징검다리 ● 90
반짝반짝 물시계 ● 92
미끌미끌 얼음 물감 ● 94
귀여운 달걀 인형 험프티 덤프티 ● 96
뚝딱 망치와 신나는 마라카스 ● 98
사랑의 저금통 ● 100
색깔 비가 주룩주룩 ● 102
쑥쑥 자라는 칭찬 나무 ● 104
알록달록 예쁜 팔레트 ● 106
딸랑딸랑 놀이 방울 ● 108
화려한 꽃 가방 ● 110
빛나는 야광 볼 ● 112
딸랑딸랑 소리 나는 방울 신발 ● 114
여러 가지 빛깔 조명 컵 ● 116
스마트폰 보관함 만들기 ● 118
멋진 무대 배경 우유갑 건물 ● 120

4장
꼬물꼬물 자연에서 찾은 신기한 놀이

하늘에 비구름이 둥실 • 124
느릿느릿 뽁뽁이 달팽이 • 126
숲에서 일어난 이야기 • 128
알록달록 뽁뽁이 뱀 • 130
활짝 핀 벚꽃 • 132
코코아 먹물을 쏘는 문어 • 134
손이 꽁꽁 얼음낚시터 • 136
꽃밭으로 날아온 나비 • 138
윙윙 귀여운 꿀벌 • 140
새야, 새야 맘마 먹자 • 142

5장
5분이면 OK 초간단 놀이

빨래 건조대 놀이 텐트 • 146
타악기 만들기 • 148
빙글빙글 수박 끈 회전 놀이 • 150
신나는 매트 터널 • 152
포근한 이불 침낭 • 154
옷걸이 윈드차임 • 156
삐뽀삐뽀 구급차 놀이 • 158
싹뚝싹뚝 미용실 놀이 • 160
흔들흔들 반짝이는 불빛 상자 • 162

6장
냠냠 맛있는 놀이

사과로 수학 놀이 ● 166
귤로 만든 토끼와 거북 ● 168
불빛 나는 핼러윈 호박 ● 170
표고버섯 배로 세계 여행 ● 172
꼬물꼬물 포도 올챙이 ● 174
무와 당근으로 모양 찍기 ● 176
수박껍질 수영장과 이글루 ● 178
새콤달콤 요거트 케이크 ● 180
식빵 아이스크림 ● 182
요커트 딸기잼 아이스크림 ● 184
모닝빵 피자 만두 ● 186
스틱 치즈 핫도그 주먹밥 ● 188
간단한 어묵 떡꼬치 ● 190
소시지 원기둥 햄버거 ● 192
고소한 과자 떡 ● 194

7장
햇살 좋은 바깥놀이

봄에 그리는 벚꽃 그림 ● 198
지구를 사랑해 ● 200
보랏빛 버찌열매 놀이 ● 202
주르륵 긴 물길과 댐 ● 204
내가 만든 가을나무 ● 206
하얀 눈 도화지에 그림 그리기 ● 208
썰매를 타고 씽씽 ● 210

" 집안에서 찾는 놀이 재료들

아이들 놀잇감을 만들 때 특별한 재료는 필요 없어요. 아이들의 번뜩이는 아이디어와 엄마의 작은 배려만 있다면 모두 쉽게 할 수 있는 놀이예요. 며칠만 지나도 집에 쌓이는 택배 상자, 달걀판, 우유갑 등 다양한 재활용품으로 재미있고 참신한 놀잇감을 만들어보세요. 이렇게 탄생한 놀잇감은 아이들의 창의성과 발상의 자유를 키워주는 동시에 마트에서 쉽게 산 장난감과 비교도 되지 않는 멋진 놀이세계를 열어준답니다.

★ 종이

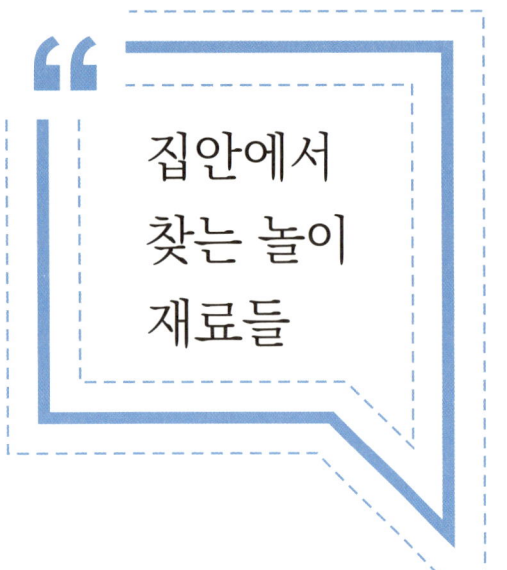

종이상자

종이상자는 만들기의 가장 기본 재료입니다. 택배 상자부터 과일 상자, 마트에서 물건을 담아온 상자 등 다양한 크기와 재질의 상자를 활용합니다. 집에 있는 상자에 따라 그날의 놀이를 결정해보세요. 부피가 큰 상자가 생겼을 때는 분리수거 하는 날 놀이하고 바로 버리면 간편합니다.

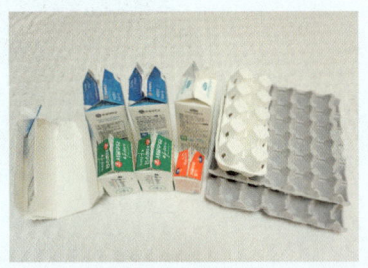

우유갑과 달걀판

아이가 있는 집에는 우유갑과 달걀판이 떨어지는 날이 별로 없습니다. 우유갑과 달걀판이 생기면 잘 씻어서 보관해주세요. 필요할 때마다 바로 꺼내 쓰면 편리합니다.

색종이, 신문지, 도일리 페이퍼

종이 중에서 많이 사용한 재료는 색종이예요. 색종이를 조금 넉넉하게 사 두면 종이접기도 하고, 놀잇감을 꾸밀 때도 유용하게 활용합니다. 빵이나 쿠키를 구울 때 많이 사용하는 도일리 페이퍼는 그 모양 자체가 예쁘기 때문에 놀잇감을 손쉽게 꾸미기 좋습니다.

★ 플라스틱

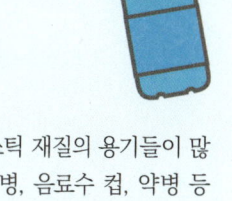

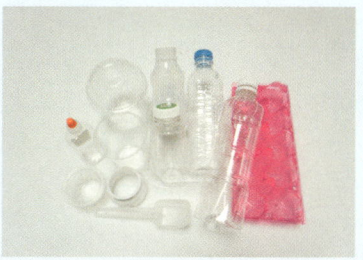

플라스틱 용기

우리가 자주 쓰는 일회용품으로 다양한 플라스틱 재질의 용기들이 많습니다. 한번 사용하고 버리기가 아까운 페트 병, 음료수 컵, 약병 등 다양한 플라스틱 용기들을 잘 씻어 말려놓은 후 활용해보세요. 모양이 다양한 만큼 재미있고 기발한 놀잇감들을 만들 수 있답니다.

스티로폼 용기, 과일싸개, 과일보호지

스티로폼 재료는 폭신하고 따뜻한 느낌이 들어 아이들이 흥미로워하는 재료예요. 손으로 부러뜨리며 놀기도 하고, 빨대나 나무를 꽂는 활동에도 유용하게 쓰입니다.

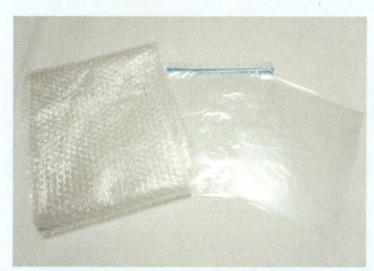

에어캡, 지퍼 백, OHP필름

비닐 재질의 재료에 그림을 그리면서 종이와 다른 촉감을 느껴볼 수 있고, 속이 보이는 놀잇감을 만들기에도 좋습니다. 일명 뽁뽁이라고도 불리는 에어캡은 그 자체로도 톡톡 터트리는 재미있는 놀잇감이지만 돌돌 말아주면 부피가 커져 색다른 놀잇감을 만들 수 있답니다.

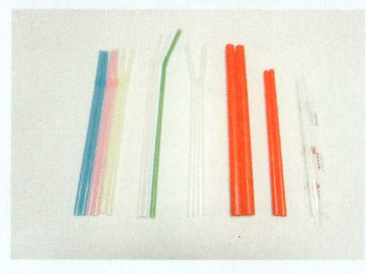

빨대

아이들의 놀잇감을 만들 때 많이 사용하는 재료 중 하나가 빨대입니다. 새도 만들고, 비행기도 만들며 다양한 놀이에 빨대를 활용합니다. 크기별, 색깔별로 준비해두면 유용하게 쓰인답니다.

★ 캔

참치, 분유, 음료수 캔

참치 캔은 날카롭지 않고 매끄럽게 처리되어 있는 안심따개 캔을 사용하면 안전하게 다양한 놀이를 할 수 있습니다. 캔에서 나는 소리는 다른 재료보다 맑고 커서 악기를 만들기에도 좋습니다. 캔으로 만든 놀잇감은 소리를 내거나 쌓고 무너뜨리는 놀이 등에 활용할 수 있고, 튼튼해서 오래 가지고 놀 수 있습니다.

★ 끈

종이 끈, 고무줄, 빵 끈, 모루, 포장 끈

묶거나 고정시키기 쉬운 종이 끈, 빵 끈, 모루 끈 그리고 알록 달록 예쁜 포장 끈 등을 잘 모아두면 유용하게 사용할 수 있습니다. 어설프게 만든 놀잇감에 끈만 달아줘도 새로운 놀잇감이 되고, 더욱 멋있게 변신한답니다.

★ 기본 도구들

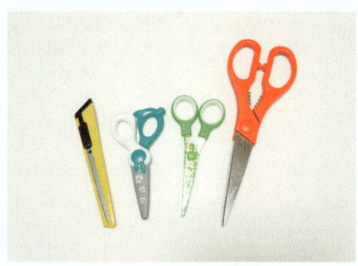

칼과 가위

가위는 아이 손에 맞고 안전하게 사용할 수 있는 작은 가위와 엄마용 큰 가위가 필요합니다. 가위와 칼은 항상 안전에 주의합니다.

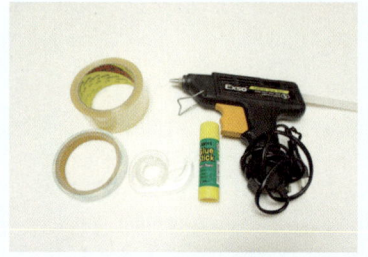

양면테이프, 테이프, 딱풀, 글루건

놀잇감을 연결하고 붙일 때 주로 쓰이는 재료입니다. 양면테이프와 스카치테이프만 잘 활용해도 쉽게 놀잇감을 만들 수 있습니다. 예를 들면, 스카치테이프로는 거미줄을 만들어 물건을 붙이며 놀이할 수도 있습니다. 넉넉히 준비해 아이들이 마음껏 사용할 수 있도록 합니다. 거의 모든 재료를 붙일 수 있는 글루건은 꼭 부모님만 다루도록 하며 안전에 주의합니다.

크레파스, 색연필, 보드마카, 유성매직, 사인펜

칠하거나 그리기 활동에 꼭 필요한 재료들입니다. 각각 특성이 다르니 다양하게 사용하면 놀잇감을 더 멋지고 재미있게 만들어줍니다.

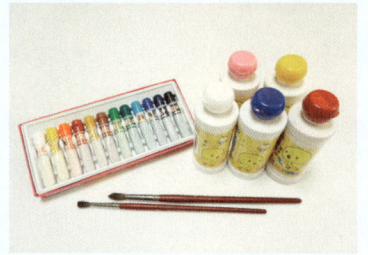

물감, 붓

아이들이 직접 짜서 마음껏 사용할 수 있는 물감으로 준비합니다. 아이들은 물감 짜는 활동과 물감으로 하는 놀이를 무척 좋아합니다. 자주 사용하는 색깔은 큰 것으로 마련해 두면 언제든 물감이 부족하지 않게 놀이할 수 있습니다.

송곳, 이쑤시개, 압정, 핀(슈퍼핀)

구멍을 낼 때나 뾰족한 느낌을 표현할 때 사용합니다. 뾰족한 도구를 사용할 때는 항상 안전에 주의합니다.

★ **있으면 좋은 재료들**

무빙아이(눈알장식), 할핀, 방울

무빙아이, 할핀, 방울 등은 놀잇감을 더 생동감이 있게 만들어주는 재료들입니다. 무빙아이는 크기대로 약병에 넣어 보관하면 편리합니다. 작은 재료들은 약병이나 뚜껑이 있는 작은 통을 활용해 분류별로 보관합니다.

풍선

풍선을 색깔별, 크기별로 준비합니다. 풍선으로 다양한 놀잇감을 만들 수 있으며, 풍선에 끈만 달아주어도 신나게 놀 수 있습니다. 작은 풍선은 물풍선 놀이를 할 때 주로 사용합니다.

야광 스티커, 다양한 모양 스티커

야광 스티커는 놀잇감을 돋보이게 하고, 어둠에서 할 수 있는 색다른 놀이를 이끌어냅니다. 다양한 모양의 스티커는 밋밋한 홈메이드 놀잇감을 멋지게 꾸며줍니다.

손전등, 불빛 나는 공

손전등이나 불빛 나는 장난감을 놀이에 활용하면 더욱 멋진 놀잇감이 완성됩니다. 망가진 장난감이나 잘 가지고 놀지 않는 장난감에서 불빛 나는 부분을 떼어 두어 재활용해도 좋습니다.

놀이를 쉽게 하는 방법

틈틈이 놀잇감 재료들을 모아 두고 찾기 쉽게 보관해주세요. 찾기 쉬운 만큼 놀잇감을 쉽게 만들 수 있어요. 또한, 아이와 함께 할 수 있는 놀이에 대한 정보를 많이 알아두세요. 재료를 보고 떠오르는 놀이가 있다면 바로 시작할 수 있답니다.

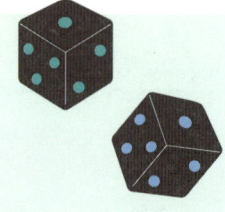

놀이바구니를 준비하세요

자주 사용하는 가위, 테이프, 색종이 등의 준비물을 바구니에 넣어두면 어떤 놀이든지 쉽게 시작할 수 있습니다. 꼭 바구니가 아니더라도 책상 서랍이나 가방, 플라스틱 통을 활용해도 좋습니다.

놀이 재료들을 선반 한 칸에 모아주세요

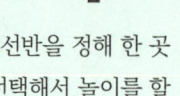

많이 사용하는 크레파스, 스티커, 색연필, 물감, 스케치북 등은 선반을 정해 한 곳에 모아 두는 것이 좋습니다. 그러면 아이들이 스스로 재료를 선택해서 놀이를 할 수 있답니다.

재활용품 모아두는 장소를 마련하세요

일반 쓰레기와 섞이지 않게 쓸 만한 재활용품은 따로 구분해 보관합니다. 커다란 바구니나 박스 등을 활용하면 좋습니다. 되도록 아이들이 직접 재활용품을 모을 수 있게 도와줍니다. 어느 순간, 아이들은 작은 플라스틱 병 하나만 봐도 무엇을 만들 것인지 머릿속에 떠오르기 시작한답니다.

놀이 후에 청소 시간을 가지세요

신나게 놀잇감을 만들고 나면 어쩔 수 없이 여기 저기 어질러져 있습니다. 놀이를 할 때는 놀잇감 만들기와 노는 일에 집중하도록 하고, 놀이가 모두 끝나면 다함께 청소하는 시간을 갖습니다. 청소도 모두 함께 즐겁게 하면, 아이들은 놀이처럼 받아들여 힘들지 않게 청소를 한답니다.

놀이의 결과보다는 과정이 중요해요

아이가 뭔가를 배워야 한다는 생각을 버리고, 아이와 함께 행복한 시간을 보낸다는 마음으로 편안하게 즐기면 놀이가 쉬워집니다. 또한, 놀잇감이 덜 만들어지거나 어딘가 잘못 만들어졌더라도 아이들만의 방법으로 신나게 놀아봅니다. 놀이는 멋진 놀잇감을 만드는 것이 목표가 아니라, 그 시간을 즐겁고 행복하게 보내는 것에 있기 때문입니다.

※

　아이들이 유난히 에너지가 넘치는 날이 있어요. 그럴 때는 깔깔거리면서 웃을 수 있는 놀이를 해보세요. 아이들은 웃고 놀면서 에너지를 쏟고, 엄마는 아이의 웃는 모습을 보면서 에너지를 얻을 거예요. 이번 장에는 아이들이 좋아하는 양치질 놀이, 도둑잡기 놀이, 낙서놀이, 춤추는 코끼리 놀이 등을 담았어요. 마음껏 놀다 보면 집안은 어느새 아이들의 웃음소리로 가득 찬답니다.

PART 1

웃음 가득한
놀이

신나는 도둑잡기

◇ **난 이 도** ★☆☆
◇ **청 소 도** ★★☆
◇ **대상 연령** 4세 이상

◇ **준비물** 신문지, 크레파스, 테이프, 가위

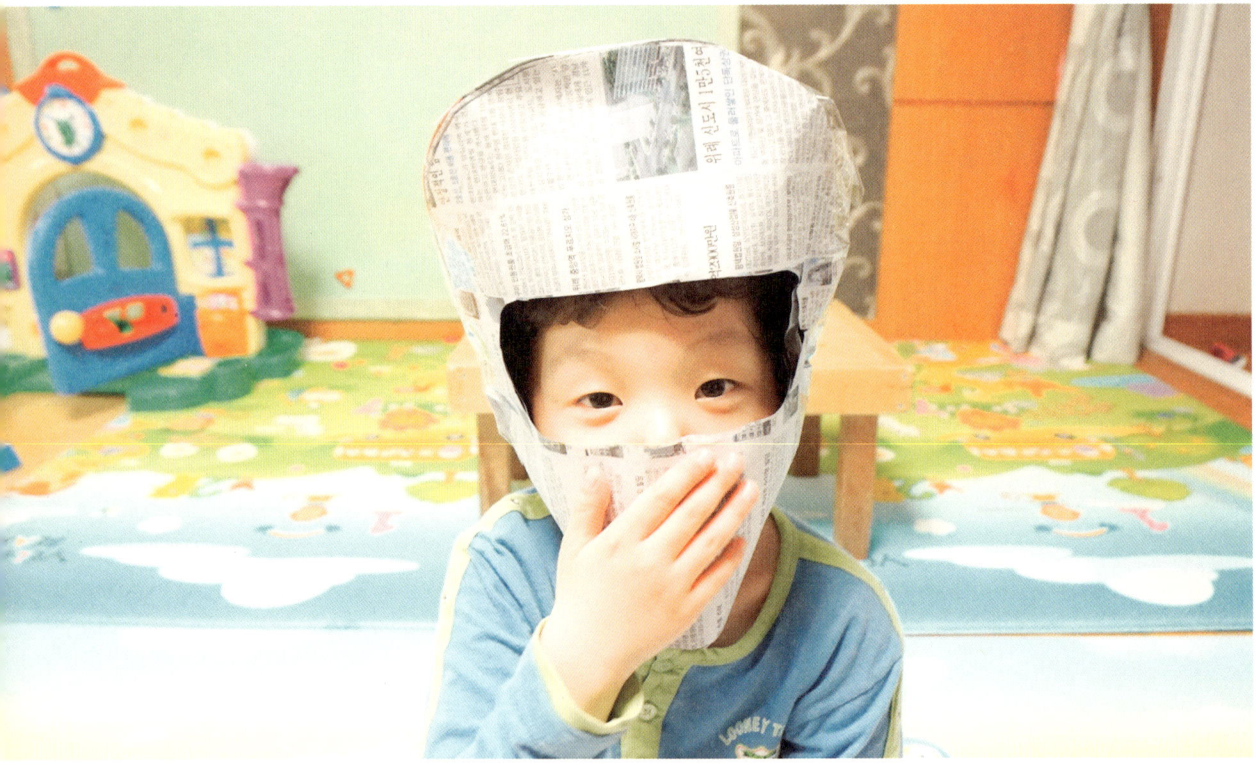

아이들이 좋아하는 잡기 놀이를 할 때 신문지를 이용해 도둑 모자와 수갑을 만들어 실감나게 놀이 해보았어요. 소품을 만들면 단순한 잡기 놀이가 더욱 재미있어진답니다. 신문지를 펼친 김에 신문지 눈싸움 놀이, 신문지 찢기 놀이 등 다양한 놀이에 도전해보세요.

 ## 놀이 만들기

1. 신문지에 모자 모양을 그려 잘라줍니다.

2. 테이프로 모자의 가장자리를 붙이고, 색칠을 해서 모자를 꾸며줍니다.

3. 길쭉하게 접은 신문지를 고리 모양으로 만들어 테이프로 돌돌 말아서 수갑과 허리띠를 만듭니다.

4. 도둑 역할을 정하고 도둑 모자를 쓴 후 달아납니다.

5. 도둑이 잡히면 수갑을 손목에 채워줍니다.

마음껏 놀아요 1

줄을 식탁 다리에 감아 감옥을 만들어주세요.
줄 대신 신문지를 잘라 붙여도 좋아요.

시원한 얼음 케이크

◇ 난 이 도　★☆☆
◇ 청 소 도　★★☆
◇ 대상 연령　3세 이상

◇ **준비물**　요구르트 통(또는 요거트 통), 쟁반, 초, 이쑤시개, 라이터, 테이프, 물

소복하게 눈이 쌓인 날, 흰 눈으로 케이크를 만들어 촛불 끄기 놀이를 한 적이 있어요. 그 후로 종종 아이들은 눈이 오지 않는 계절에도 눈 케이크를 만들고 싶다고 하네요. 그런 아이들을 위해 눈 케이크 대신 얼음 케이크를 만들어주었어요. 겨울보다도 한여름에 더욱 재미있는 얼음 케이크 놀이랍니다.

놀이 만들기

1. 요구르트나 요거트 통에 물을 붓습니다.

2. 테이프로 입구를 막고, 이쑤시개로 구멍을 뚫어 줍니다.

3. 이쑤시개로 뚫은 구멍에 초를 꽂아줍니다.

4. 냉동실에 넣어 꽁꽁 얼립니다. 추운 날이라면 밖에서 얼려도 좋습니다.

5. 꽁꽁 얼었다면, 요거트 통에서 얼음을 분리합니다.

그릇에 따뜻한 물을 넣고 얼음을 얼린 요거트 통을 넣으면 분리가 잘 돼요.

6. 얼음으로 케이크 모양을 만들고 초에 불을 붙여 촛불 끄기 놀이를 합니다.

마음껏 놀아요 1

얼음을 쟁반에 담아 편을 나누어 부딪치기 놀이를 해보세요. 아이들이 튕겨져 나가는 얼음을 보며 즐거워해요.

하늘을 나는 분수

◇ 난 이 도 ★★☆
◇ 청 소 도 ★☆☆
◇ 대상 연령 3세 이상

◇ **준비물** 요구르트 병 5~6개, 송곳, 끈, 테이프, 가위

분수놀이를 위해 요구르트 병에 여러 개의 구멍을 내고, 하늘에 떠 있는 분수를 만들어주고 싶어서 끈을 매달아 보았어요. 하늘에 걸려있는 요구르트 병을 보자마자 아이는 "우와~ 멋지다!"라며 환호를 해주었답니다. 목욕을 하며 함께 즐길 수 있는 놀이예요.

놀이 만들기

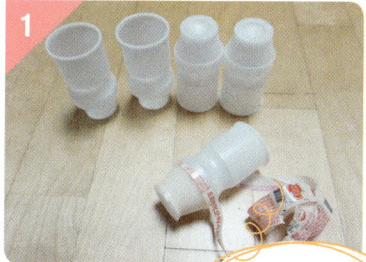

1. 요구르트 병을 깨끗하게 씻어서 준비합니다.

여기서는 거꾸로 먹는 요구르트 병을 활용했어요.

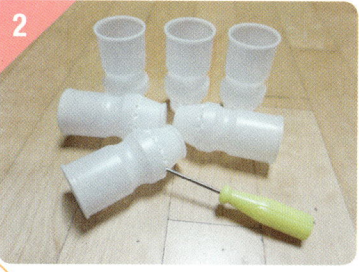

2. 요구르트 병의 밑부분을 돌아가며 송곳으로 뚫어줍니다.

3. 윗부분을 송곳으로 뚫은 후 12cm 정도 길이로 자른 끈을 끼워 고리를 만들어줍니다.

4. 끈을 양쪽으로 묶기 힘들다면 테이프로 붙여서 완성합니다.

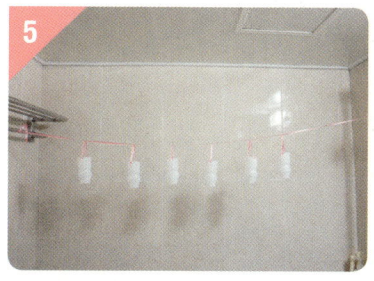

5. 화장실 벽면 양쪽에 요구르트 병을 끼운 끈을 매달아줍니다.

6. 요구르트 병에 물을 부으면 물이 멋지게 퍼지며 하늘을 나는 분수가 완성됩니다.

마음껏 놀아요 1

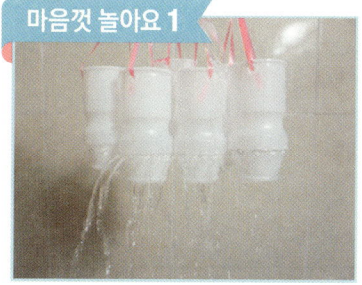

요구르트 병을 모아 물 분수 샤워놀이를 해보세요. 목욕을 싫어하는 아이도 즐겁게 참여할 수 있어요.

마음껏 놀아요 2

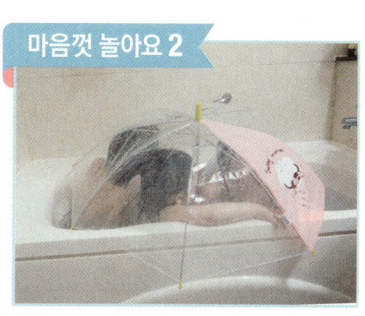

투명 우산을 쓰고 분수놀이를 하면 더 재미있게 놀이할 수 있어요.

코가 길어지는 피노키오

◇ **난 이 도** ★★☆
◇ **청 소 도** ★☆☆
◇ **대상 연령** 3세 이상

◇ **준비물** 요거트 통, 일회용 스푼(소), 빨대, 점토 뚜껑, 송곳, 약병 뚜껑, 눈알 장식, 스티커, 글루건, 핀(컬러슈파핀)

시각적인 효과와 재미를 주기 위해 빨대를 활용해 코가 길어지는 피노키오를 만들어보았어요. 피노키오 코가 길어지는 이유 등 동화 속 이야기를 하며 놀이해보세요. 빨대가 움직이는 것만 봐도 즐거워하는 아이들의 순수함에 절로 미소를 짓게 될 거예요.

놀이 만들기

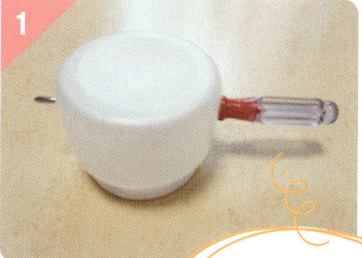

1. 요거트 통의 가운데 부분을 송곳으로 뚫어 관통시킵니다.

구멍 낸 부분을 송곳으로 돌려가며 빨대가 들어갈 수 있는 크기의 구멍을 만들어주세요.

2. 구멍에 빨대를 끼우고 글루건으로 약병 뚜껑을 양쪽 끝에 붙여 길어지는 코를 만들어줍니다.

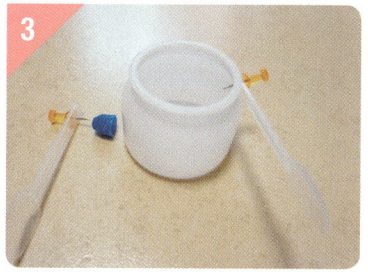

3. 또 다른 요거트 통에 일회용 스푼을 대고 핀으로 꽂아줍니다.

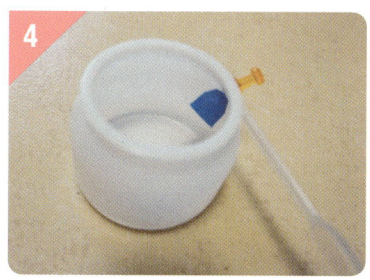

4. 안쪽 핀이 나온 부분은 약병 뚜껑을 꽂아 고정시켜줍니다. 양쪽 모두 작업해 팔을 만들어줍니다.

5. 코 위쪽에 눈알 장식을 붙이고 2개의 요거트 통을 글루건으로 붙입니다.

6. 점토 뚜껑을 글루건으로 붙여 모자를 만들고, 밑부분에 요거트 통 1개를 더 붙여 키를 높여줍니다.

7. 스티커를 붙이고 사인펜으로 입을 그려주며 피노키오를 꾸며줍니다.

8. 코를 뒤쪽에서 꾹 누르면 코가 길어지는 피노키오가 완성됩니다.

큰 요구르트 병을 활용해 피노키오를 하나의 통으로 만들어도 좋아요.

반짝반짝 빛나는 이야기

◇ **난 이 도** ★☆☆
◇ **청 소 도** ★☆☆
◇ **대상 연령** 3세 이상

◇ **준비물** 스케치북, 야광 스티커, 나무젓가락, 크레파스, 양면테이프, 테이프, 가위

자동차, 토끼, 별 등 아이가 좋아하는 여러 가지 모양으로 인형을 만들고, 마음껏 이야기를 만들어 놀이해보세요. 작은 책상을 무대 삼아 이야기를 들려주고, 아이의 상상 속 이야기도 들으면서 도란도란 이야기꽃을 피우면 특별한 추억이 만들어져요. 예쁜 종이 인형 테두리에 야광 스티커를 붙이면 밤에도 반짝 반짝 빛나는 이야기가 계속된답니다.

놀이 만들기

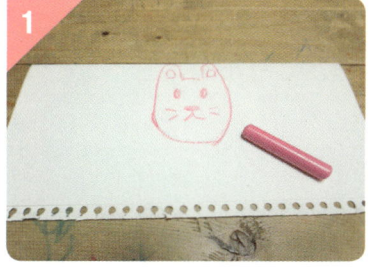

1 스케치북을 반으로 접어 토끼, 자동차, 별 등 아이가 좋아하는 그림을 그립니다.

2 가위로 그림을 자른 후, 테두리에 야광 스티커를 붙여줍니다.

3 안쪽 부분에 나무젓가락을 양면테이프로 고정시킨 후 그림을 맞대어 붙여줍니다.

4 토끼, 자동차, 별 등 여러 가지 인형이 완성되면 마음껏 놀이합니다.

마음껏 놀아요 1 아이의 상상 속 이야기를 들어보세요.

마음껏 놀아요 2 불을 끄고 반짝이는 모양을 관찰해보세요.

마음껏 놀아요 3 불을 끄고 손전등으로 모양들을 비춰 그림자놀이를 해보세요.

마음껏 놀아요 4 이야기를 만들어 재미있는 인형극을 보여주세요.

내 마음대로 퍼즐상자

◊ **난 이 도** ★☆☆
◊ **청 소 도** ★★☆
◊ **대상 연령** 3세 이상

◊ **준비물** 스티로폼 상자, 색연필, 칼

아이스크림 케이크를 먹고 남은 스티로폼 상자로 간단하게 퍼즐상자를 만들어봤어요. 아이들이 어렸을 때 가지고 놀았던 나무로 된 퍼즐상자와 비슷한 모양이에요. 아이들과 함께 퍼즐 상자를 만들어 보며 다양한 모양 놀이를 해보세요.

놀이 만들기

> 자르면서 나오는 스티로폼 알갱이는 깔끔하게 털어주세요.

1. 스티로폼 상자에 색연필로 동그라미, 세모, 네모 등 다양한 모양을 그립니다.

2. 그린 모양을 칼로 도려냅니다.

3. 퍼즐 조각이 만들어집니다.

4. 6면에 모두 다른 모양의 퍼즐 조각을 만들어 퍼즐상자를 완성합니다.

5. 여러 모양의 구멍에 조각을 찾아 끼워 보며 놀이합니다.

마음껏 놀아요 1

스티로폼 뚜껑을 칼로 동그랗게 도려내고 색종이를 찢어 붙여서 사자탈을 만들어보세요.

마음껏 놀아요 2

동그랗게 오려낸 스티로폼 가운데에 칼집을 만들어 아이스크림 숟가락을 꽂아주면 빙글빙글 돌아가는 팽이가 돼요.

커다란 왕 주사위

◇ **난이도** ★☆☆
◇ **청소도** ★☆☆
◇ **대상 연령** 3세 이상

◇ **준비물** 스티로폼 상자, 색연필, 모양 장난감 6개

아이스크림 케이크를 사지 않더라도 스티로폼 상자는 여름철 분리수거 하는 날 쉽게 구할 수 있지요. 스티로폼 상자로 큰 주사위를 만들어 마음껏 던져보았어요. 아이들이 여럿이라면 주사위로 무슨 놀이를 할지 정하는 것도 좋은 방법이에요.

놀이 만들기

1. 스티로폼 상자 위에 장난감을 대고 모양을 따라 그립니다.

2. 그린 모양에 색칠을 하고 숫자를 씁니다.

3. 한자, 영어, 숫자 등 다양한 방법으로 6면 모두 숫자를 표시합니다.

4. 왕 주사위가 완성되었습니다.

마음껏 놀아요 1

주사위를 던져 나온 숫자만큼 종이벽돌 쌓기 놀이를 해보세요.

마음껏 놀아요 2

주사위를 던져서 나온 숫자만큼 책장 넘기기 놀이를 해보세요.

스트레스를 날리는 확성기

◇ **난 이 도** ★★★
◇ **청 소 도** ★☆☆
◇ **대상 연령** 3세 이상

◇ **준비물** 플라스틱 우유병, 양파 망, 리본 끈, 양면테이프, 테이프, 가위, 칼

큰소리로 이야기하는 것을 좋아하는 아이들에게 딱 알맞은 놀잇감이에요. 플라스틱 우유병을 활용해 확성기를 만들었어요. 큰소리로 노래도 하고, 울리는 목소리를 들어보고, 마음껏 소리치며 쌓인 스트레스를 날려 보세요. 확성기에 야광 스티커를 붙여 주면 또 다른 놀이도 가능해요.

 ## 놀이 만들기

1. 플라스틱 우유병의 밑부분을 칼로 자른 후 가위로 매끄럽게 다듬어줍니다.

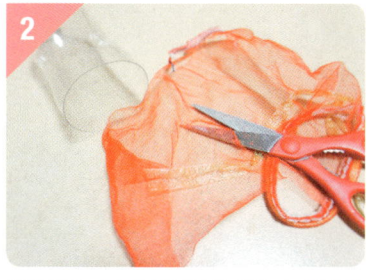

2. 양파 망을 우유병 밑부분에 씌울 수 있게 잘라줍니다.

3. 양면테이프를 이용해 우유병에 양파 망을 붙여줍니다.

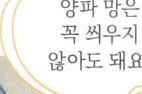

양파 망은 꼭 씌우지 않아도 돼요.

4. 양파 망을 붙인 부분은 리본으로 감싸 예쁘게 꾸며줍니다.

5. 잘 들리는 확성기가 완성되었습니다.

마음껏 놀아요 1

망원경으로도 놀이할 수 있어요.

마음껏 놀아요 2

야광 스티커를 붙이면 어둠을 밝혀주는 조명등이 돼요.

참치 캔 피사의 사탑

◇ **난 이 도** ★★☆
◇ **청 소 도** ★☆☆
◇ **대상 연령** 4세 이상

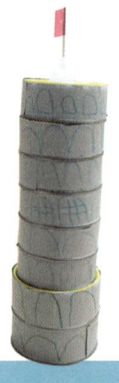

◇ **준비물** 참치 캔, 크레파스, 색종이, 양면테이프, 가위, 풀

참치 캔은 안전한 안심따개를 사용하세요.

기울어져 있는 피사의 사탑을 참치 캔을 활용해 만들어 보았어요. 피사의 사탑을 만들어 기울이며 놀이해보세요. 와르르 무너지는 건물에 까르르 웃을 수 있고, 피사의 사탑에 대한 사진과 책을 함께 찾아보면 더욱 알찬 놀이가 된답니다.

 ## 놀이 만들기

1. 색종이를 참치 캔 높이에 맞게 접어줍니다.

2. 접은 색종이를 잘라줍니다.

3. 자른 색종이에 문과 창문을 그린 후, 참치 캔에 붙입니다.

4. 색종이를 잘라 이쑤시개에 붙인 후, 약병 뚜껑에 꽂아 깃발을 만듭니다.

5. 참치 캔을 층층이 쌓아올리고 하나의 참치 캔 위에 깃발을 양면테이프로 붙입니다.

6. 피사의 사탑을 기울이며 마음껏 놀이합니다.

티셔츠 낙서 소동

- ◇ 난 이 도 ★☆☆
- ◇ 청 소 도 ★☆☆
- ◇ 대상 연령 3세 이상

◇ **준비물** 밝은 색 티셔츠(헌 옷), 보드마카, 사인펜

저희 집에 한바탕 낙서소동이 벌어졌어요. 낙서하기 좋아하는 아이들을 위해 티셔츠에 마음껏 낙서하고 그림도 그릴 수 있게 준비한 놀이예요. 작아져서 입지 못하는 옷이나 때가 타서 입지 못하는 밝은 색 옷이 있다면 한번 놀이해보세요.

놀이 만들기

1. 주의사항이나 규칙에 대해 이야기를 나누고, 작아진 옷이나 얼룩이 묻어 평상시에는 입지 못하는 옷을 입습니다.

> 벽이나 바닥에는 낙서하지 않기, 입고 있는 티셔츠에만 낙서하기 등 규칙을 정해요!

2. 서로의 티셔츠에 그림을 그립니다.

3. 잡기 놀이를 하며 낙서 놀이를 합니다.

4. 서로 한 번씩 술래를 정해 잡기 놀이를 해도 좋습니다.

연기가 나오는 굴뚝

◇ **난 이 도** ★★☆
◇ **청 소 도** ★☆☆
◇ **대상 연령** 4세 이상

◇ **준비물** 뚜껑 있는 스티로폼 상자, 드라이아이스, 종이컵, 두꺼운 종이, 색연필(또는 사인펜), 칼, 물

어렸을 적에 뒤켠에 낮은 굴뚝이 있는 시골집에서 살았어요. 연기가 가득 찬 모습을 보고 "와, 천국이다!"라고 소리치며 동생과 연기 속에서 뛰어 놀던 추억을 떠올리며 만든 놀잇감이에요. 엄마의 어린 시절 이야기를 해주며 굴뚝놀이를 해보았어요.

놀이 만들기

1. 스티로폼 상자에 색연필로 그림을 그리고 마음껏 꾸며줍니다.

2. 스티로폼 상자 뚜껑에 칼을 이용해 동그랗게 구멍을 냅니다.

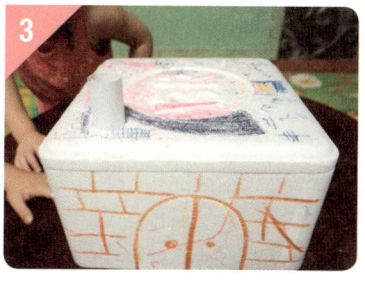
3. 구멍에 두꺼운 종이를 말아 끼워 굴뚝을 만들어줍니다.

4. 종이컵에 드라이아이스를 담아 스티로폼 상자에 넣습니다.

드라이아이스는 꼭 장갑을 끼고 만지며, 어른이 다루어 주세요.

5. 드라이아이스에 물을 붓습니다.

따뜻한 물을 부으면 더 빠르게 연기가 솟아오릅니다.

6. 스티로폼 상자 뚜껑을 닫으면 굴뚝에서 연기가 나오기 시작합니다.

마음껏 놀아요 1

투명 통에 드라이아이스를 넣고 물을 부은 후, 뚜껑에 구멍 뚫어 드라이아이스가 기체화되어 냉기가 나오는 모습을 관찰해요.

마음껏 놀아요 2

우유갑을 색종이로 꾸미고 구멍을 만든 후, 드라이아이스가 담긴 통을 끼워주면 재미있는 증기 기관차를 만들 수 있어요.

춤추는 코끼리

◇ **난 이 도** ★★☆
◇ **청 소 도** ★★★
◇ **대상 연령** 4세 이상

◇ **준비물** 케이크 상자, 포장지, 종이봉투, 테이프, 가위

선물 포장지와 케이크 상자로 만들어 본 코끼리예요. 앞이 보이는 투명 비닐이 붙은 케이크 상자는 가면처럼 쓰고 놀기에 정말 좋아요. 선물 포장지는 잘 모아서 놀잇감을 만들 때 활용해보세요. 이 놀이에서는 포장지가 반짝이는 물방울이 되어 주었답니다. 코끼리 코의 특징을 살려 물이 쏟아지는 모습을 연출하면 아이들의 깔깔거리는 웃음소리를 들을 수 있답니다.

놀이 만들기

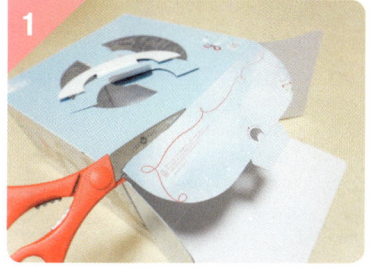

1. 케이크 상자의 한쪽 입구와 윗면 손잡이의 종이를 가위로 자릅니다.

2. 포장지를 반으로 접어 코끼리 귀 모양을 그린 후 오립니다.

3. 케이크 상자 옆면에 포장지로 만든 코끼리 귀를 테이프로 붙여줍니다.

4. 종이봉투 밑면에 구멍을 동그랗게 두 개 뚫어 콧구멍을 만들어줍니다.

5. 남은 포장지를 작게 잘라 물방울을 만듭니다.

6. 작게 자른 포장지를 종이봉투 안에 넣어줍니다.

7. 봉투의 입구 부분을 살짝 접어 케이크 상자 가운데에 붙입니다.

8. 물방울이 쏟아지는 코끼리가 완성됩니다.

9. 코끼리 가면을 머리에 쓰고 물방울을 뿌리며 마음껏 놀이합니다.

문이 열리는 세탁기

◇ **난 이 도** ★★☆
◇ **청 소 도** ★★☆
◇ **대상 연령** 4세 이상

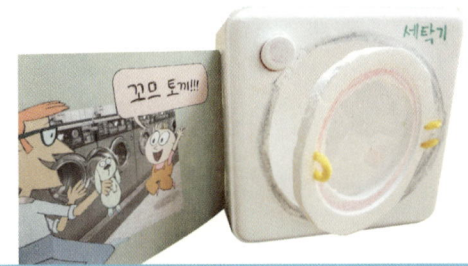

◇ **준비물** 스티로폼 상자, OHP 필름지, 빈 통(ex.비타민 통), 모루 3개, 점토용 조각칼(또는 송곳), 크레파스, 양면테이프, 테이프, 가위, 칼

아이스크림 케이크를 먹은 후 생기는 스티로폼 상자의 변신은 끝이 없어요. 이번에는 스티로폼 상자로 문이 열리는 세탁기를 만들었어요. 가끔씩 아이들은 세탁기에 빨래가 돌아가는 모습도 재미있어 할 때가 있어요. 이럴 때 세탁기 놀이로 연결해주면 놀이 만족도가 더욱 높아진답니다.

놀이 만들기

1. 스티로폼 상자 뚜껑에 동그라미를 그린 후 칼로 도려냅니다.

2. 링 모양이 되도록 안쪽도 동그랗게 도려내어 세탁기 문을 만듭니다.

3. 잘라낸 링 모양에 맞게 OHP 필름지를 동그랗게 오립니다.

4. 링 모양 안쪽에 OHP 필름지를 붙입니다.

5. 뾰족한 점토용 조각칼로 링과 뚜껑에 2개씩 세로로 구멍을 뚫어줍니다.

6. 모루를 끼워서 문을 연결하고, 윗부분에 구멍을 뚫어서 빈 통을 끼워서 다이얼을 표현합니다.

7. 세탁기 문에 모루를 하나 더 끼워 손잡이를 만들고, 크레파스로 색칠해 세탁기를 예쁘게 꾸밉니다.

8. 완성된 세탁기 안에 빨래를 넣어 보며 마음껏 세탁기 놀이를 합니다.

흔들리는 치아 뽑기

◇ **난 이 도** ★★☆
◇ **청 소 도** ★☆☆
◇ **대상 연령** 5세 이상

◇ **준비물** 일회용 종이접시 2개, 스티로폼 용기, 테이프, 양면테이프, 칼, 유성매직

6~8세쯤 되면 유치가 빠지기 시작해요. 이가 빠지는 것을 기대하면서도 치과 가는 것은 무서워하는 아이들에게 좋은 놀이예요. 이 놀이를 통해 이가 빠지는 것에 대한 두려움을 줄이고, 이가 빠지는 것은 자연스럽고 더 튼튼한 이가 나오는 과정이라는 것을 알려주세요.

놀이 만들기

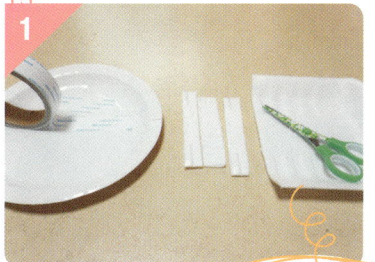

1. 스티로폼 용기를 긴 네모 모양으로 2개를 잘라 종이접시 윗부분에 붙입니다.

스티로폼용기를 잘라 붙이는 이유는 치아 모양을 붙였을 때 높이를 맞추기 위해서예요.

2. 다른 종이접시에 유성매직으로 머리, 눈, 입을 그리고 입 부분은 칼로 도려내줍니다.

3. 스티로폼 용기를 잘라 붙인 곳과 종이접시 아랫부분에 양면테이프를 붙여줍니다.

테이프를 감싸 코팅 효과를 주어야 치아를 붙였다 떼었다 할 수 있어요.

4. 두 개의 종이접시를 포개어 붙여줍니다.

5. 스티로폼 용기를 네모 모양으로 잘라 치아를 만듭니다.

6. 치아를 테이프로 감싸서 코팅 효과를 줍니다.

7. 입 안쪽 양면테이프가 붙어 있는 부분에 치아를 붙여줍니다.

8. 치아를 붙였다 떼었다 하면서 치과놀이를 합니다.

마음껏 놀아요 1

플라스틱 조각칼을 활용해서 치과 놀이를 해보세요.

쓱싹쓱싹 양치 놀이

◇ **난 이 도** ★☆☆
◇ **청 소 도** ★☆☆
◇ **대상 연령** 3세 이상

◇ **준비물** 비닐팩, 낡은 칫솔, 보드마카, 유성매직, 치약, 휴지(또는 물티슈)

비닐팩을 준비해서 간단하게 양치놀이를 해보세요. 이물질, 벌레, 세균이 치아에 묻은 것을 보면서 양치를 왜 해야 하는지 알려줄 수 있답니다. 양치를 싫어하는 아이들에게는 더욱 좋은 놀이예요. 낡은 칫솔도 버리지 말고 놀이 도구로 활용해보세요.

놀이 만들기

보드마카와 유성매직이 겹쳐지면 유성매직으로 그린 부분이 지워져요.

1. 비닐팩에 유성매직으로 얼굴을 그리되 치아를 강조해서 큼직하게 그립니다.

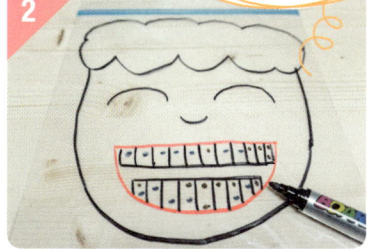

2. 보드마카로 치아에 이물질, 벌레, 세균을 그립니다. 유성매직으로 그린 부분과 겹치지 않게 그립니다.

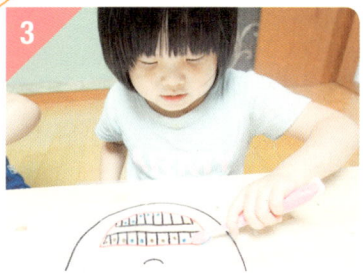

3. 칫솔로 쓱싹쓱싹 칫솔질을 합니다.

4. 보드마카로 그린 이물질이 깨끗하게 지워진 것을 확인합니다.

마음껏 놀아요 1

치약을 묻혀 칫솔질을 해보세요.

마음껏 놀아요 2

비닐팩에 아이의 손발을 대고 그린 후 손발 닦기 놀이도 해보세요.

아이들은 주변에서 있는 모든 움직이는 것들에 관심이 많아요. 움직이는 자동차, 버스, 기차, 비행기, 배뿐만 아니라 굴러가는 공, 날아가는 공도 좋아하고 재미있어 하지요. 이번 장에는 도로 위를 달리는 자동차, 기찻길을 달리는 기차, 하늘을 나는 비행기, 물위를 떠다니는 배 등 교통기관에 관련된 이야기를 많이 담았어요. 신나게 놀다보면 호기심도 충족하고 행복감을 느끼는 시간이 될 거예요.

PART 2

뚝딱뚝딱 멋지고 신나는 놀이

쌍둥이 골키퍼

◇ 난 이 도   ★☆☆
◇ 청 소 도   ★☆☆
◇ 대상 연령   3세 이상

◇ 준비물   우유갑(1L), 크레파스, 색종이, 테이프, 가위, 풀

쉽게 구할 수 있는 우유갑을 활용해서 골키퍼를 만들어보았어요. 공놀이를 좋아하는 아이라면 더욱 즐거워 할 거예요. 골키퍼 인형 두 개를 만들어주면 아이들이 사이좋게 축구 게임을 하며 한참을 가지고 논답니다.

놀이 만들기

1. 씻어서 잘 말려 둔 우유갑은 밑부분과 한쪽 면을 남기고 모두 자릅니다.

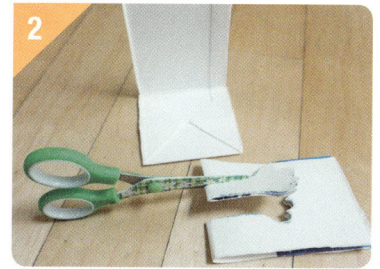

2. 우유갑에서 잘라낸 한 쪽 면을 반으로 접어 손을 그린 후 오려줍니다.

3. 색종이로 얼굴을 만들고 손을 붙여줍니다.

4. 아이와 함께 크레파스로 골키퍼를 꾸며줍니다.

5. 같은 방법으로 골키퍼를 하나 더 만든 후 마음껏 놀이합니다.

마음껏 놀아요 1

종이 상자를 활용해 골대를 만들고, 공을 가지고 골인 놀이를 해 보세요.

마음껏 놀아요 2

우유갑으로 할핀을 활용해 손발이 움직이는 인형을 만들어 놀이해도 좋아요.

바다를 건너는 상자 배

◇ **난 이 도** ★☆☆
◇ **청 소 도** ★☆☆
◇ **대상 연령** 3세 이상

◇ **준비물** 과일상자(대), 달걀판(종이), 신문지, 긴 막대, 테이프, 가위, 풀

아이들은 큰 상자에 들어가 노는 것을 무척 좋아하지요. 상자로 배를 만들고, 이불을 거실에 깔아 이불 바다를 만들어 바다에 배를 퐁당 빠트려보세요. 즐겁게 상상의 바다에서 헤엄을 치며 놀이하는 아이들의 모습을 볼 수 있답니다.

 ## 놀이 만들기

1 신문지로 큰 상자의 겉면을 포장합니다.

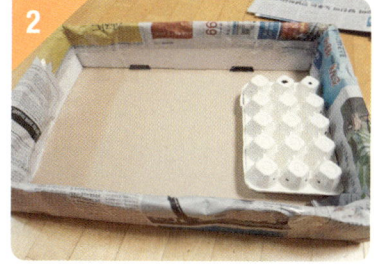

2 달걀판을 큰 상자 한쪽 끝에 테이프로 붙여 고정합니다.

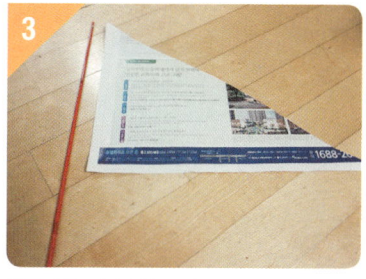

3 신문지를 직삼각형 모양으로 오린 후, 긴 막대에 붙여서 깃발을 만듭니다.

4 달걀판 가운데 부분에 깃발을 꽂고 테이프로 고정합니다.

5 상자 배가 완성되면 마음껏 놀이합니다.

> 이불을 깔아 바다를 만들어주면 더욱 재미있어요.

마음껏 놀아요 1

배에 끈을 묶어 썰매를 만들어주세요. 배가 잘 끌리게 하려면 밑바닥에 못 쓰는 천을 붙여보세요.

나는야 홈런왕

◊ 난 이 도 ★★☆
◊ 청 소 도 ★☆☆
◊ 대상 연령 4세 이상

◊ **준비물** 선물용 플라스틱 케이스, 신문지, 테이프, 가위

명절이면 꼭 한두 개씩 들어오는 오일, 참치, 햄 선물 상자를 활용해 만든 놀이예요. 선물 상자 속 플라스틱 케이스는 멋진 야구방망이와 야구공이 된답니다. 야구공은 굴리는 용도가 아니니 꼭 동그란 형태가 아니어도 돼요. 공을 다양한 모양으로 개성 있게 만들면 더 재밌는 야구 놀이를 할 수 있어요.

놀이 만들기

1. 플라스틱 케이스를 모양대로 가위로 자릅니다.

2. 같은 모양 2개를 맞대고 그 속에 신문지를 채워줍니다.

3. 테이프로 꼼꼼하게 붙입니다.

4. 다른 모양의 케이스들도 신문지를 채워 넣고 서로 맞대어 붙입니다.

5. 야구방망이와 야구공이 완성되면, 신나게 야구 놀이를 합니다.

마음껏 놀아요 1

남은 플라스틱 케이스를 모양대로 오려 인형 모자도 만들어보세요. 칼라 솜을 붙여 간단하게 꾸미면 멋진 장식품이 돼요.

마음껏 놀아요 2

실컷 가지고 놀이한 야구공에 바퀴를 달아 자동차로 만들어보세요. 또다시 새로운 놀이가 펼쳐진답니다.

둥실둥실 작은 배

◇ **난 이 도** ★★☆
◇ **청 소 도** ★☆☆
◇ **대상 연령** 3세 이상

◇ **준비물** 플라스틱 통, 병뚜껑, 빨대, 이쑤시개, 송곳, 색종이, 테이프, 가위, 물

잔잔한 물결에 둥실 둥실 떠다니는 작은 배는 때로는 풍랑을 만난 것처럼 춤을 추듯 거칠게 움직이다 물속으로 퐁당 빠집니다. 그 모습에 키득거리며 좋아하는 아이들을 보면 엄마도 따라 미소 짓게 되지요. 재활용품을 이용한 간단한 놀이예요. 병뚜껑으로 작은 배를 만들어 소소한 행복 속으로 퐁당 빠져보세요.

놀이 만들기

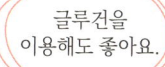
글루건을 이용해도 좋아요.

1 색종이를 삼각형으로 잘라 테이프를 붙여 코팅해주고, 이쑤시개에 붙여 깃발을 만듭니다.

2 병뚜껑의 안쪽 부분에 이쑤시개를 꽂고 테이프로 고정시킵니다.

3 플라스틱 통을 송곳으로 뚫어 구멍을 만듭니다.

물은 아이가 먹어도 되는 깨끗한 물로 준비해주세요.

4 구멍에 빨대를 끼워줍니다.

5 물을 빨대 아랫부분까지 채우고 작은 배를 띄웁니다.

6 빨대를 불어 뱃놀이를 합니다.

마음껏 놀아요 1

세숫대야나 큰 그릇에 물을 채워 넓은 곳에서 항해해보세요. 빨대로 물을 불어 파도를 만들고, 노를 젓는 것처럼 놀기도 해요.

마음껏 놀아요 2

색종이로 다양한 종이 배를 만들어 함께 띄워 보세요.

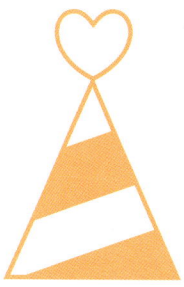

뛰뛰빵빵 핸들 놀이

◇ **난 이 도** ★★☆
◇ **청 소 도** ★★☆
◇ **대상 연령** 3세 이상

◇ **준비물** 종이상자(대), 피자 상자, 송곳, 할핀, 크레파스, 색종이, 테이프, 가위, 풀

자동차 놀이는 아이들에게 인기 있는 놀이 중 하나예요. 종이상자와 할핀을 활용해 돌아가는 핸들을 만들어 더욱 재미있는 자동차 놀이를 만들어봤어요. 빙글빙글 돌아가는 핸들이 달린 자동차를 타고 신나는 놀이 여행을 떠나볼까요?

놀이 만들기

1. 아이가 들어갈 만한 큰 상자에 색종이로 바퀴 모양, 창문 모양 등을 만들어 꾸며줍니다.

2. 피자 상자에 동그란 모양의 핸들을 그리고 가위로 오립니다.

3. 크레파스로 핸들을 꾸며줍니다.

4. 상자의 남은 부분으로 핸들의 지름보다 조금 더 긴 지지대를 만듭니다. 지지대는 핸들을 고정시키기 위한 것으로 두세 겹 붙여 만들면 더욱 튼튼합니다.

5. 핸들과 핸들 지지대를 겹친 뒤 송곳으로 구멍을 뚫고 할핀으로 고정합니다.

6. 핸들이 붙여있는 핸들 지지대는 테이프를 이용해 상자에 튼튼하게 붙여줍니다.

7. 상자 속에 앉을 수 있는 물건을 넣어 의자를 만들어줍니다.

8. 자동차가 완성되면 핸들을 빙글빙글 돌리며 놀이를 시작합니다.

마음껏 놀아요 1

같은 방법으로 자동차를 하나 더 만들면 기차 놀이도 할 수 있어요.

물이 떨어지는 세차장

◇ **난이도** ★★☆
◇ **청소도** ★★☆
◇ **대상 연령** 3세 이상

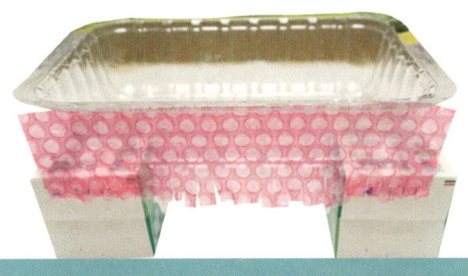

◇ **준비물** 우유갑(500mL) 2개, 플라스틱 용기, 송곳, 양면테이프, 물, 포장용 발포지, 분무기, 자동차 장난감, 쟁반, 그릇, 수건

포장용 발포지가 없다면 포장지를 활용해도 좋아요.

아이들은 자동차 세차장에서 물이 떨어지고 걸레가 움직이는 것을 보며 신기해해요. 우유갑과 플라스틱 용기들을 활용해 세차장을 만들었어요. 엄마 아빠를 따라서 세차장에 가 본 적이 있다면 더욱 신나게 세차 놀이에 빠져들 거예요.

놀이 만들기

1. 플라스틱 용기 중간 부분을 송곳으로 뚫어줍니다.

2. 두 개의 우유갑 한쪽 면에 각각 양면테이프를 붙인 후 플라스틱 용기를 붙여줍니다.

3. 포장용 발포지를 길게 자른 후 아래쪽에 가위집을 내 줍니다.

4. 포장용 발포지를 플라스틱 용기의 한쪽 면에 붙여줍니다.

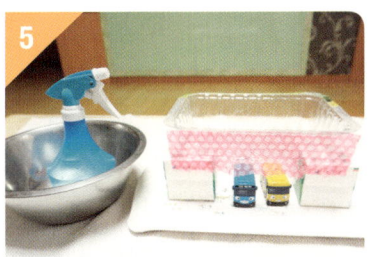

5. 바닥에 수건과 쟁반을 깔고 물을 담아낼 그릇, 분무기, 자동차 장난감을 준비합니다.

6. 물을 플라스틱 용기에 부으며 마음껏 세차장 놀이합니다.

마음껏 놀아요 1

그릇에 담긴 물과 분무기의 윗부분만을 활용해 놀이해요.

마음껏 놀아요 2

자동차 장난감 위에 휴지를 잘게 잘라 먼지를 만들고 분무기를 뿌려 세차해요.

마음껏 놀아요 3

목욕탕에서 물놀이 도구로 활용해요.

슝슝 날아가는 로켓

◇ **난 이 도** ★☆☆
◇ **청 소 도** ★☆☆
◇ **대상 연령** 3세 이상

◇ **준비물** 휴지심, 포장 끈(300cm), 색종이, 가위, 풀

휴지심으로 간단하게 로켓을 만들었어요. 두 갈래의 끈에 로켓을 끼우고 양쪽으로 잡아당기면 로켓이 슝 하고 날아갑니다. 로켓이 앞으로 발사되는 모습을 보면서 아이들이 무척 좋아하네요. 끈을 양손으로 잡아당기기만 하면 되니 혼자서도 잘 논답니다. 아이와 함께 로켓을 만들어 재미있는 시간을 보내세요.

놀이 만들기

1
휴지심에 색종이를 붙여 로켓을 만듭니다.

2
다양한 모양으로 로켓 2~3개를 만듭니다.

3
문고리나 못에 끈을 묶어서 끈이 두 갈래가 되도록 합니다.

> 아이 키보다 약간 높은 곳에 묶어주세요.

4
끈의 끝부분에 로켓을 끼웁니다.

5
끈의 양쪽을 잡고 옆으로 잡아당기면 로켓이 앞으로 슝 날아갑니다.

> 끈을 잡고 팽팽하게 당긴 상태에서 양쪽으로 잡아당기세요.

6
로켓 여러 개를 한꺼번에 끼워서 함께 날려봅니다.

마음껏 놀아요 1

끈을 팽팽하게 한 후 공이 굴러갈 수 있도록 줄의 간격을 맞춰 공굴리기 놀이를 해보세요.

마음껏 놀아요 2

끈에 끼울 수 있는 장난감을 끼운 후, 돌리면서 놀이해보세요.

칙칙폭폭 골판지 기찻길

◇ 난 이 도 ★★☆
◇ 청 소 도 ★★☆
◇ 대상 연령 4세 이상

◆ **준비물** 종이 컵홀더 3~4개, 종이상자(중), 요구르트 병, 사진, 색연필, 양면테이프, 테이프

종이 컵홀더 뒷면의 골판지 골을 활용했더니, 기찻길이 멋지게 표현되었어요. 기차는 재활용품을 활용해 만들면 더 재미있고 창의적인 놀잇감이 된답니다. 칙칙폭폭 재활용 기차를 타고 기찻길을 달리며 신나게 놀아봐요.

놀이 만들기

1. 종이 컵홀더를 펼친 후 길쭉한 방향으로 반을 잘라 준비합니다.

2. 종이상자를 펼치고 자른 컵홀더를 상자에 붙여 기찻길을 표현합니다.

3. 상자 위에 기차와 역 등을 그리고 역 이름을 써 넣습니다.

4. 요구르트 병을 양면테이프로 붙여 연결합니다. 아이가 원하는 만큼 요구르트 병을 이어줍니다.

아이 사진을 붙이면서 기관사가 되었다고 이야기해주세요.

5. 연결한 요구르트 병의 앞부분에 종이를 붙이고 그 위에 아이 사진을 붙입니다.

6. 연결한 요구르트 병을 잘 꾸며 기차를 만듭니다.

7. 완성된 기차와 기찻길로 마음껏 기차놀이를 합니다.

마음껏 놀아요 1

상자를 펼쳐 우리 동네 길을 그리고, 상자를 잘라 건물을 만들어 자동찻길 놀이를 해요.

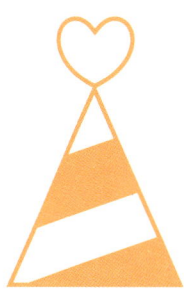

빨대 기찻길을 달리는 기차

◇ 난 이 도 ★★★
◇ 청 소 도 ★☆☆
◇ 대상 연령 4세 이상

◇ **준비물** 스케치북, 빨대, 크레파스, 가위, 칼, 글루건

기차를 좋아하는 아이를 위해 빨대를 잘라 붙여 기찻길을 입체적으로 만들어봤어요. 기차에도 작은 빨대를 붙여서 기찻길을 따라 움직이는 수동 기차를 만들었지요. 자, 지금부터 특별한 기차놀이가 시작됩니다!

놀이 만들기

> 이렇게 자른 빨대는 기차 밑부분과 기찻길 위에 둘 다 사용해요.

1. 스케치북에 기찻길과 정거장 등을 마음껏 그립니다.

2. 스케치북 표지인 두꺼운 종이를 적당한 크기로 자른 후 반으로 접어줍니다. 접은 부분이 위로 가게 해서 양쪽 면에 기차를 그립니다.

3. 빨대 한쪽 면을 쭉 자른 후, 기차 길이에 맞게 자릅니다.

> 기차에 끼운 빨대가 기찻길 위의 빨대보다 작으면 조금 더 속도를 내며 달릴 수 있어요.

4. 기차 밑부분에 한쪽 면을 자른 빨대를 끼우고, 양쪽 끝을 글루건으로 단단히 붙여 줍니다. 반대쪽도 똑같이 준비합니다.

5. 기찻길로 사용할 빨대도 한쪽 면을 쭉 자른 후, 자른 부분이 위로 향하게 해서 기찻길 그림 위에 글루건으로 붙입니다.

6. 기차에 붙인 빨대 부분을 기찻길 빨대 부분에 끼우면 기찻길에 딱 붙어 달리는 기차가 됩니다.

마음껏 놀아요 1

배경 그림들을 칼로 도려낸 후 접으면 입체감 있는 배경이 만들어져요.

상자 속지로 만든 자동찻길

◇ **난 이 도** ★★☆
◇ **청 소 도** ★☆☆
◇ **대상 연령** 4세 이상

◇ **준비물** 상자 속지, 두꺼운 도화지, 자, 장난감 자동차, 병뚜껑, 연필, 크레파스, 칼, 글루건

상자 속지로 자동찻길을 만들어 신나게 자동차 놀이를 해보았어요. 아이가 상상의 나래를 펼쳐 마음껏 그림을 그려보게 하세요. 어른들은 상상도 못할 신기한 자동찻길이 완성될 거예요.

놀이 만들기

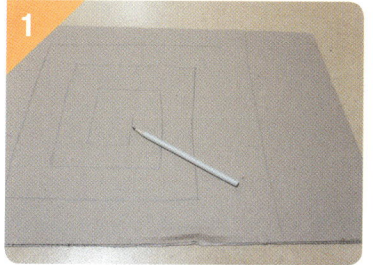

1. 상자 속지 위에 연필로 자동찻길을 그립니다.

자를 대고 자르면 쉽게 자를 수 있어요.

2. 자동찻길 선을 따라 폭 2~5mm 정도를 칼로 잘라내 공간을 만듭니다.

3. 자동차 계기판, 가로수 등 아이가 그리고 싶은 그림을 마음껏 그립니다.

4. 두꺼운 종이를 돌돌 말아 테이프로 고정시킨 후, 글루건으로 한쪽을 병뚜껑 중앙에 붙여 줍니다.

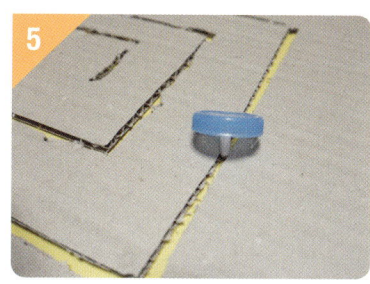

5. 상자 속지를 뒤집어 칼로 잘라낸 공간에 병뚜껑의 종이 부분을 끼워줍니다.

6. 다시 그림 쪽으로 뒤집은 후, 튀어나온 돌돌 말린 종이에 장난감 자동차를 글루건으로 붙여줍니다.

밑면의 병뚜껑을 잡고 자동차를 움직여도 재미있어요.

7. 자동찻길을 따라 달리는 자동차로 마음껏 놀이합니다.

요구르트 병 헬리콥터

◊ **난 이 도** ★★☆
◊ **청 소 도** ★☆☆
◊ **대상 연령** 3세 이상

◊ **준비물** 요구르트 병, 수수깡, 두꺼운 종이, 글루건, 약병 뚜껑, 핀(슈파핀)

수수깡과 요구르트 병으로 간단하게 헬리콥터를 만들었어요. 아이가 원하는 모양대로 만들어서 신나는 헬리콥터 놀이를 해보세요. "두두두, 헬리콥터가 날아갑니다!" 아이들은 멋진 헬리콥터와 함께 노느라 시간가는 줄 모른답니다.

 ## 놀이 만들기

1. 기둥, 다리, 꼬리 부분에 사용할 수수깡을 적당한 길이로 자르고, 두꺼운 도화지를 잘라 X자 프로펠러를 만듭니다. 프로펠러는 큰 것과 작은 것 2개를 준비합니다.

2. 요구르트 병과 약병 뚜껑, 핀을 사진과 같이 준비합니다.

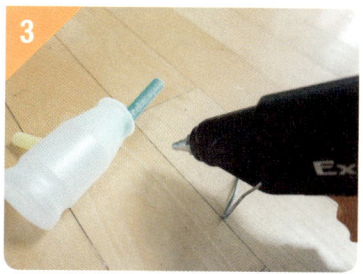

3. 글루건으로 요구르트 병에 프로펠러 기둥과 꼬리 부분으로 사용할 수수깡을 붙입니다.

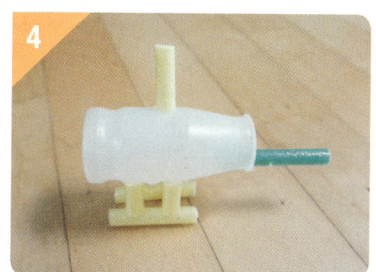

4. 글로건으로 다리를 붙여 세워줍니다.

5. 글루건으로 약병 뚜껑을 요구르트 병 밑면에 붙이고 큰 프로펠러를 기둥에 핀으로 꽂아줍니다.

6. 꼬리 부분에는 작은 프로펠러를 꽂아줍니다.

7. 완성된 헬리콥터를 가지고 마음껏 놀이합니다.

마음껏 놀아요 1

아이가 원하는 모양의 헬리콥터를 만들어 보세요.

재미있는 골대

◊ 난 이 도 ★☆☆
◊ 청 소 도 ★☆☆
◊ 대상 연령 3세 이상

◊ **준비물** 과일상자(대), 충전제, 박스테이프, 가위, 풍선(또는 공)

과일 상자와 충전제를 이용해 골대를 만들었어요. 아주 간단하게 만들 수 있는 놀잇감이지만, 아이들이 한참 가지고 놀아요. 아이들이 들어가서 놀아도 될 만큼 크게 만들면 다양한 놀이로 연계된답니다. 골인 놀이뿐만 아니라 아이들이 스스로 재미있는 놀이를 찾는 모습을 한번 지켜보세요.

놀이 만들기

1. 상자를 뚜껑과 분리해 적당한 간격으로 양쪽에 세워줍니다.

2. 상자의 윗부분을 충전제로 덮은 후, 박스테이프로 붙입니다.

3. 상자의 뒷부분에도 충전제를 덮은 후 박스테이프로 붙입니다.

4. 간단한 상자 골대가 완성됩니다.

5. 풍선이나 공으로 골인 놀이를 하며 마음껏 놀아봅니다.

마음껏 놀아요 1

종이 블럭을 세워 놓고 볼링 놀이를 해도 좋아요.

우유갑 도로로 만든 사거리

◇ **난 이 도** ★★★
◇ **청 소 도** ★☆☆
◇ **대상 연령** 3세 이상

◇ **준비물** 우유갑(1L) 5~6개, 롤 케이크 상자, 박스테이프, 테이프, 가위

우유갑은 깨끗이 씻어 말려주세요.

자동차를 좋아하는 아이들의 놀이를 더욱 신나게 해줄 우유갑으로 만든 사거리예요. 잘 씻어 말린 우유갑을 가위로 오려 테이프로 붙이기만 하면 완성되는 쉬운 놀이예요. 도로 외에도 아이가 원하는 터널, 다리 등을 추가로 만들면 온종일 심심할 틈이 없답니다.

놀이 만들기

1. 우유갑의 한 면을 잘라내고 사진처럼 만듭니다.

2. 우유갑의 밑부분을 가운데로 모아줍니다.

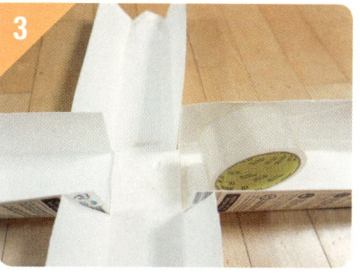

3. 테이프를 붙여 사거리 모양을 만들어줍니다.

4. 서로 만나는 모서리는 테이프를 단단히 붙여 고정합니다.

5. 잘라낸 한 면을 끝부분에 연결해서 도로를 더 길게 만들어줍니다.

6. 우유갑과 롤 케이크 상자를 이용해 터널이나 미끄럼틀을 만들어줍니다.

우유갑을 더 연결해 마음껏 도로를 넓혀보세요.

7. 자동차 장난감을 활용해 마음껏 놀이합니다.

신나는 우유갑 미끄럼틀

- ◇ 난 이 도 ★★★
- ◇ 청 소 도 ★☆☆
- ◇ 대상 연령 3세 이상

◇ **준비물** 우유갑(1L) 4개, 박스테이프, 테이프, 가위

우유갑 사거리와 비슷한 방법으로 미끄럼틀도 만들었어요. 미끄럼틀 놀이도 아이들이 참 좋아하는 놀이이지요. 항상 버리는 게 일이었던 우유갑을 잘 모아두면 아이들에게 최고의 놀이 재료가 된답니다. 사거리와 미끄럼틀 외에도 색다른 아이디어로 다양한 놀잇감을 직접 만들어보세요.

# 놀이 만들기

1 우유갑 3개 모두 한 면과 윗부분을 사진처럼 잘라줍니다.

2 남은 우유갑 한 개는 윗부분을 잘라내고 사진처럼 모서리를 잘라 안으로 접어줍니다.

3 2의 우유갑을 테이프로 붙여 네모난 기둥을 만들어줍니다. 높이 10cm 정도가 적당합니다.

4 기둥에 잘라놓은 우유갑 3개를 붙여줍니다.

5 우유갑 미끄럼틀이 완성됩니다.

마음껏 놀아요 1

잘라낸 우유갑을 연결해 터널을 만들어보세요.

귀여운 미니 축구장

◇ 난 이 도 ★☆☆
◇ 청 소 도 ★☆☆
◇ 대상 연령 3세 이상

◇ **준비물** 스티로폼 용기, 주름 빨대 4개, 작은 공, 테이프, 가위

스티로폼 용기로 골대가 있는 작고 귀여운 축구장을 만들었어요. 아이와 함께 다양한 규칙을 정하고 장애물도 만들어 축구 놀이를 해보세요. 빨대를 후 불어 골인을 시키고, 빨대로 공을 굴리면서 신나게 놀이해요.

놀이 만들기

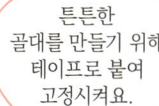
튼튼한 골대를 만들기 위해 테이프로 붙여 고정시켜요.

1 주름 빨대 4개를 주름 아래 6cm 정도 길이로 잘라줍니다.

2 주름 부분을 접고 빨대 2개씩 테이프로 붙여 골대 모양을 만듭니다.

3 골대 모양 빨대를 스티로폼 용기 양 끝에 꽂아줍니다.

4 잘라낸 나머지 빨대와 공, 장애물을 올리면 축구장이 완성됩니다.

5 빨대로 후 불어 공을 골인시킵니다.

6 빨대를 손으로 잡고 공을 몰아봅니다.

마음껏 놀아요 1

스티로폼 용기에 빨대로 구멍을 뚫어 그림을 그려보세요.

마음껏 놀아요 2

그림의 구멍에 빨대를 끼우며 놀이해보세요.

떴다떴다 작은 비행기

◇ **난 이 도** ★★☆
◇ **청 소 도** ★☆☆
◇ **대상 연령** 4세 이상

◇ **준비물** 색종이, 빨대, 이쑤시개, 양면테이프, 가위

아이들이 좋아하는 종이비행기에 입 바람 엔진을 달았어요. 종이비행기를 작게 접고 빨대에 끼워 입으로 후 하고 불면 슝 날아갑니다. 간단하지만 색다른 종이 비행기 놀이를 시작해보세요.

놀이 만들기

1. 색종이를 반으로 접어 자릅니다.

2. 자른 색종이를 반으로 접고 다시 펴서 양쪽 모서리를 중심선에 맞추어 접어줍니다.

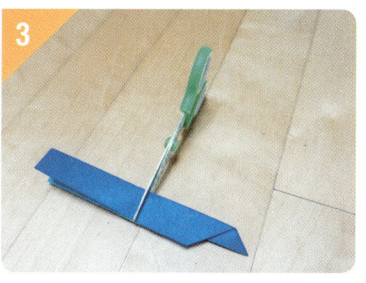

3. 날개가 되는 부분 양쪽을 안으로 한 번씩 접은 후, 끝을 7㎝ 정도(색종이의 반 정도) 잘라 작은 비행기를 만들어줍니다.

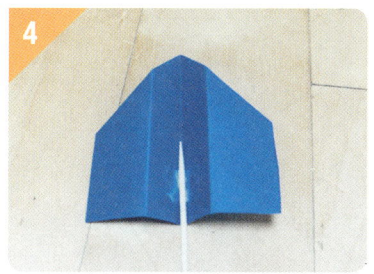

4. 윗부분에 양면테이프로 이쑤시개를 붙여줍니다.

5. 이쑤시개를 붙인 바로 윗부분을 직삼각형 모양으로 자른 후, 이쑤시개를 1㎝ 정도 남기고 잘라줍니다.

6. 빨대는 주름이 있는 곳을 중심으로 양 옆을 2.5~3㎝ 길이로 짧게 잘라줍니다.

너무 꽉 끼우면 날아가지 않아요. 살짝 없는 느낌으로 끼워 주세요.

7. 빨대에 비행기를 살짝 끼워줍니다.

8. 빨대를 불면 비행기가 날아갑니다.

마음껏 놀아요 1

비행기를 날려 바구니에 골인하는 놀이도 해보세요.

집안을 깨끗이 청소차 놀이

◇ 난 이 도 ★☆☆
◇ 청 소 도 ★★☆
◇ 대상 연령 3세 이상

◇ **준비물** 종이상자(중), 뚜껑 없는 종이상자(중), 사인펜, 걸레, 색종이, 양면테이프, 테이프, 가위, 풀

두 상자의 가로 폭이 비슷해야 하며, 뚜껑 없는 종이상자가 더 커야 해요.

엄마가 청소를 할 때면 아이들은 늘 자기가 하겠다고 청소도구를 빼앗아가곤 한답니다. 아이들 눈에는 엄마가 청소하는 모습이 재미있어 보이나 봐요. 작은 상자 2개를 활용해 청소차를 만들어보았어요. 엄마가 청소할 때 아이들은 청소차 놀이를 하며 즐거운 시간을 보낸답니다.

놀이 만들기

1 색종이를 붙여 상자를 꾸밉니다.

2 뚜껑 없는 종이상자의 밑면에는 네모 모양으로 구멍을 뚫어줍니다. 아이의 두 손이 들어가기 편한 정도가 적당합니다.

3 뚜껑 없는 종이상자 위에 색종이로 꾸민 상자를 올린 후 풀로 붙여줍니다.

4 색종이로 바퀴 모양을 만들어 청소차를 완성합니다.

5 자동차 아래 걸레를 깔아줍니다.

6 구멍이 난 곳에 손을 넣어 걸레를 밀고 다니면서 청소 놀이를 합니다.

※

아이들이 꼼지락거리며 만들기를 좋아하고, 색깔에 대해 관심을 보일 때가 있어요. '빨주노초파남보' 여러 색의 무지개 색깔, 알록달록 예쁜 색, 반짝이는 신비한 색을 보면서 신기해하지요. 이번 장에는 예쁜 색과 만들기를 좋아하는 아이들에게 딱 알맞은 놀이를 담았어요. 예쁜 색으로 색깔놀이도 하고 아이들이 좋아하는 만들기도 해보세요.

PART 3
알록달록
예쁜 놀이

마음을 담은 상자

◇ **난 이 도** ★☆☆
◇ **청 소 도** ★★☆
◇ **대상 연령** 3세 이상

◇ **준비물** 종이상자, 연필, 유성매직, 색종이, 칼, 풀

아이가 여럿일 때 엄마의 사랑을 나누어주다 보면 아무래도 부족할 수밖에 없어요. 부족한 엄마의 사랑이지만 그래도 엄마는 너희를 많이 사랑하고 있다고 말해주고 싶어 준비한 놀이예요. 이 놀이를 통해 아이가 엄마 마음을 알 수 있도록 사랑한다고 많이 이야기해주세요.

 ## 놀이 만들기

칼로 도려낸 주변은 테이프를 붙여 마감해주세요.

1. 상자 가운데 부분에 하트를 연필로 그리고 칼로 잘라 문처럼 열고 닫을 수 있게 만듭니다.

2. 머리, 팔이 들어가는 부분을 칼로 잘라 구멍을 만듭니다.

3. 밑바닥 부분은 몸이 들어갈 수 있게 구멍을 크게 만들어줍니다.

4. 상자는 아이들과 함께 색종이로 마음껏 꾸며줍니다.

5. 아이의 어린 시절 사진을 붙여도 좋아요.

6. 아이들에게 하고 싶은 말을 상자에 써주세요.

아이가 하고 싶은 이야기를 마음껏 할 수 있도록 도와주세요.

마음껏 놀아요 1

마음껏 놀아요 2

7. 상자 속으로 들어가서 마음의 하트를 열고 아이들이 엄마에게 하고 싶은 말을 합니다.

문을 열었다 닫았다 하면서 까꿍 놀이를 해보세요.

다 놀이한 상자는 자동차처럼 가지고 놀아요.

무너뜨리기의 즐거움

◇ **난 이 도** ★☆☆
◇ **청 소 도** ★☆☆
◇ **대상 연령** 3세 이상

◇ **준비물** 플라스틱 병 6~7개, 플라스틱 뚜껑 2~3개, 색종이, 가위, 풀

어린 아이들은 쌓기 놀이보다는 무너뜨리기 놀이를 더 좋아해요. 입으로 후 불어 무너뜨리기, 부채 바람을 이용해 무너뜨리기 등 다양한 놀이를 통해 스트레스도 해소하고, 무너뜨리는 즐거움을 마음껏 누릴 수 있게 해주세요.

놀이 만들기

꾸미지 않고 있는 그대로 사용해도 좋아요.

1. 플라스틱 뚜껑을 색종이로 꾸며 예쁜 뚜껑 부채를 만듭니다.

2. 플라스틱 병을 색종이로 감싸 꾸며줍니다.

3. 플라스틱 병을 높이 쌓아봅니다.

4. 플라스틱 병을 쌓아 올리고 입으로 후 불어 무너뜨립니다.

5. 플라스틱 병을 세워 볼링 놀이를 합니다.

6. 플라스틱 병을 쌓아올리고 뚜껑 부채로 부채질해서 바람으로 병을 무너뜨립니다.

마음껏 놀아요 1

우유병을 던져 재활용 통에 골인 놀이를 해보세요.

마음껏 놀아요 2

둥근 뚜껑 부채로 멀리 날리기 놀이를 해보세요.

물감 바다 징검다리

◇ **난 이 도** ★★☆
◇ **청 소 도** ★★★
◇ **대상 연령** 3세 이상

◇ **준비물** 참치 캔, 물감, 팔레트용 통, 전지, 두꺼운 종이, 볼펜, 신문지, 테이프, 가위

물감 놀이를 할 때 참치 캔에 손잡이를 만들어 콕콕 찍으면서 찍기 놀이를 하면 손에 묻지 않아 좋을 것 같았어요. 하지만 엄마의 너무 큰 기대였네요. 손발에 마구 물감을 묻히며 즐거워하는 아이들은 참치 캔을 징검다리 삼아 더 재미있는 놀이를 만들었어요. 단, 참치 캔은 꼭 안심따개로 된 것을 깨끗이 씻어 말린 후 사용하세요.

놀이 만들기

> 테이프의 접착제 부분이 서로 만나도록 붙여서 접으면 투명 끈을 만들 수 있어요.

1. 참치 캔 2개를 테이프로 붙여 단단히 고정합니다.

2. 참치 캔의 윗부분은 테이프를 이용해 투명 끈을 만듭니다.

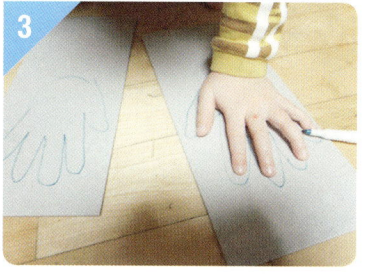

3. 두꺼운 종이에 아이의 손을 본떠 그린 후 오립니다.

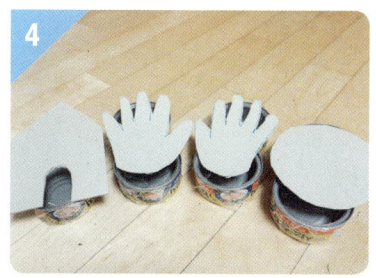

4. 손 모양 외에도 여러 가지 모양을 만들어 참치 캔에 꼼꼼하게 붙입니다.

5. 신문지 위에 전지를 펼치고, 물감과 팔레트로 쓸 재활용 용기 등을 준비합니다.

> 물감 놀이를 할 때는 물감이 묻어도 되는 옷을 입혀주세요.

6. 만들어진 참치 캔 도장으로 마음껏 찍기 놀이를 해봅니다.

7. 찍기 놀이로 멋진 바다가 만들어지면 참치 캔으로 징검다리를 만들어 신나게 건너봅니다.

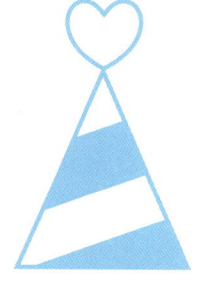

반짝반짝 물시계

◇ 난 이 도 ★★☆
◇ 청 소 도 ★☆☆
◇ 대상 연령 3세 이상

◇ **준비물** 페트병(500mL) 2개, 투명 빨대, 글루건, 물, 반짝이 가루(또는 물감), 송곳, 가위

페트병을 활용해 물시계를 만들어보세요. 물이 똑똑 떨어지는 모습을 관찰하다가 물병을 꾹 눌러 물이 쭈르륵 흐르는 모습을 보며 즐거워하네요. 물시계의 물에 반짝이 가루와 물감을 섞으면 더욱 신나는 놀이가 된답니다.

놀이 만들기

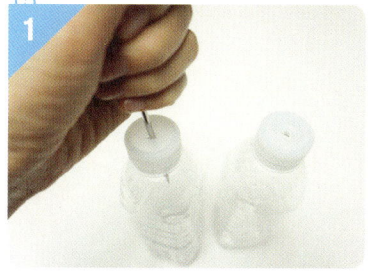

1. 페트병 뚜껑 가운데 부분에 송곳으로 빨대 크기에 맞는 구멍을 뚫습니다.

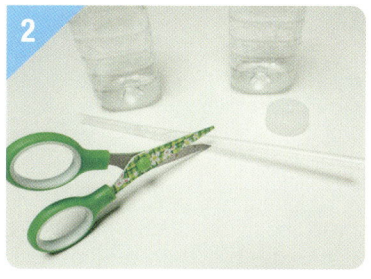

2. 투명 빨대를 12㎝ 길이로 자릅니다.

3. 두 개의 뚜껑 사이에 빨대를 끼웁니다.

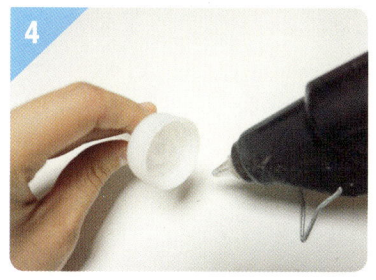

4. 빨대를 끼운 안쪽 부분은 물이 새지 않도록 빨대 주위를 글루건으로 막아줍니다.

> 반짝이 가루가 없다면 물감을 활용해도 좋아요.

5. 하나의 페트병에는 반짝이 가루를, 다른 하나의 페트병에는 물을 넣어줍니다.

6. 물이 담긴 페트병 뚜껑을 먼저 닫은 다음, 반짝이 가루가 담긴 페트병의 뚜껑을 닫고 서로 연결합니다.

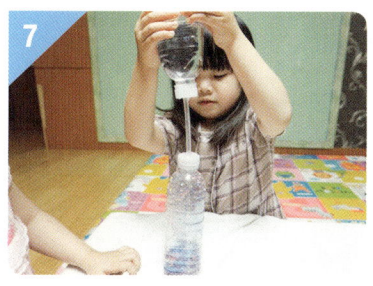

7. 물과 반짝이 물이 섞이는 데 시간이 얼마나 걸리는 지 확인해봅니다.

마음껏 놀아요 1

구멍을 뚫지 않은 뚜껑으로 닫고 페트병을 흔들면서 춤과 노래를 불러보세요.

미끌미끌 얼음 물감

◇ **난 이 도** ★☆☆
◇ **청 소 도** ★★★
◇ **대상 연령** 3세 이상

◇ **준비물** 달걀판(플라스틱), 커피스틱, 송곳, 물, 물감, 전지

플라스틱 달걀판 뚜껑에 구멍을 뚫어 간단하게 얼음 물감을 만들어보세요. 얼음 물감으로 그림을 그리고, 얼음 물감을 손바닥에 쓱쓱 문질러 도장 찍기 놀이를 하면서 시원하게 물감 놀이를 할 수 있어요. 촉감도 느낄 수 있는 얼음 물감 놀이는 더운 여름날 하면 아이들이 정말 좋아한답니다.

PART 3
알록달록
예쁜
놀이

 ## 놀이 만들기

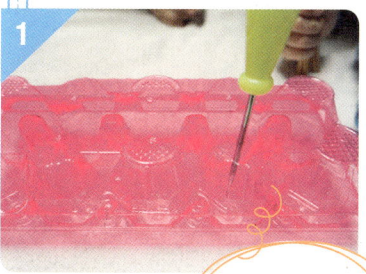

1. 달걀 넣는 칸의 중앙에 맞추어 뚜껑 윗부분을 송곳으로 뚫고, 뚜껑을 잘라 분리합니다.

구멍은 정중앙에 맞춰서 뚫어주세요.

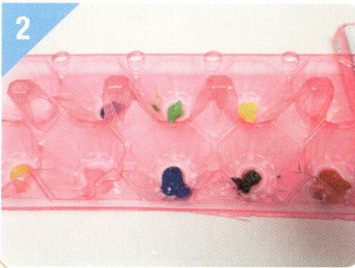

2. 달걀판 밑판의 각 칸에 여러 가지 색깔의 물감을 짜서 담습니다.

3. 물을 붓고 물감을 잘 섞어줍니다.

4. 잘라둔 달걀판 뚜껑을 닫고 커피스틱을 꽂은 후 냉동실에서 꽁꽁 얼려줍니다.

5. 잘 얼었으면 뚜껑을 열고 얼음 물감을 빼줍니다.

6. 바닥에 큰 전지를 깔고 얼음 물감을 이용해 신나게 그림을 그려봅니다.

마음껏 놀아요 1

얼음 물감을 손바닥에 문지른 후 손도장 찍기 놀이를 해보세요.

귀여운 달걀 인형 험프티 덤프티

◇ **난 이 도** ★★☆
◇ **청 소 도** ★★☆
◇ **대상 연령** 4세 이상

◇ **준비물** 달걀껍데기, 달걀판(종이), 요구르트 병, 크레파스, 색종이, 양면테이프, 가위, 풀, 유성매직

달걀은 밑부분만 깨서 알맹이를 빼낸 후, 껍데기는 깨끗이 씻어 말려요. 혹, 깨뜨릴 수 있으니 넉넉히 준비해 주세요.

험프티 덤프티(Humpty Dumpty)는 아이들이 좋아하는 영국의 전래동요예요. 담벼락에서 떨어져 깨져 버린 달걀을 의인화한 내용이지요. 동화책으로도 만날 수 있는 험프티 덤프티를 달걀껍데기로 만들어서 책과 함께 놀이해보세요. 마치, 동화 속 주인공을 만난 기분이랍니다.

 놀이 만들기

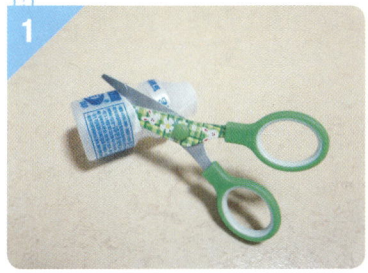

1 요구르트 병에 칼집을 살짝 내고 가위로 매끄럽게 자릅니다.

2 색종이에 다리를 그리고 잘라낸 요구르트 병 크기에 맞게 잘라 붙입니다.

3 색종이로 손 모양을 만들고, 달걀껍데기에 눈, 코, 입을 그려봅니다.

4 요구르트 병의 안쪽에 양면테이프를 붙여 손을 붙이고 달걀껍데기를 끼웁니다.

5 달걀판을 잘라 모자를 만듭니다.

6 모자를 크레파스로 색칠하고 양면테이프로 붙여주면 험프티 덤프티가 완성됩니다.

마음껏 놀아요 1
종이 블록이나 상자를 활용해 담벼락에 올라간 험프티 덤프티 놀이를 해보세요.

마음껏 놀아요 2
담벼락에서 떨어진 험프티 덤프티를 연출하며 놀이해보세요.

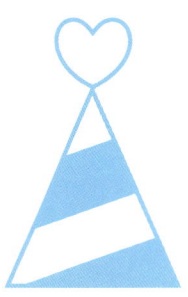

뚝딱 망치와 신나는 마라카스

◇ 난 이 도 ★☆☆
◇ 청 소 도 ★☆☆
◇ 대상 연령 3세 이상

◇ **준비물** 세제용 스푼, 모루(또는 끈), 콩, 스티커, 테이프

그냥 버리기는 아까워서 모아두었던 세제용 스푼이 망치와 마라카스로 변신했어요. 세제용 스푼 2개를 맞대어 망치를 만들고, 콩을 넣어 마라카스도 만들어보았어요. 스티로폼 용기에 이쑤시개를 꽂고 망치 놀이를 하면 더욱 재미있답니다.

놀이 만들기

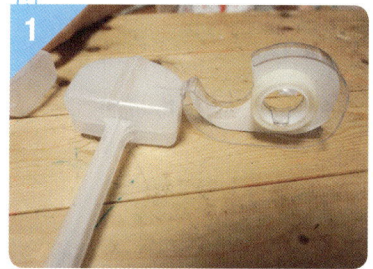

1. 깨끗이 씻어 말린 세제용 스푼 2개를 서로 맞대고 테이프로 붙입니다.

2. 마라카스를 만들 때는 세제용 스푼 안에 콩을 넣은 후 붙입니다.

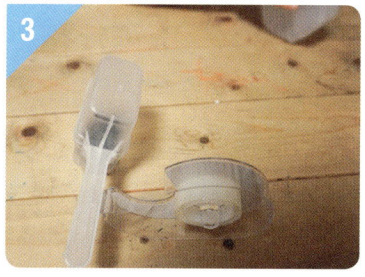

3. 맞대어 붙인 세제용 스푼 손잡이를 테이프로 단단히 감아줍니다.

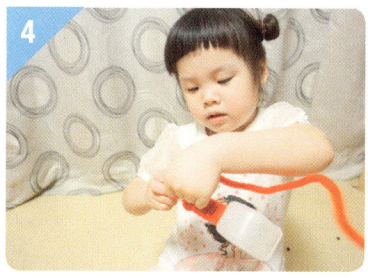

4. 손잡이를 모루나 끈으로 돌돌 감은 후 끝부분은 테이프로 고정시킵니다.

5. 망치와 마라카스에 스티커를 붙여 꾸며서 완성합니다.

마음껏 놀아요 1
스티로폼 용기를 뒤집고 이쑤시개를 반으로 잘라 꽂은 후 뚝딱뚝딱 망치 놀이를 해보세요.

마음껏 놀아요 2
마라카스를 흔들며, 노래하고 춤추면서 놀이 해보세요.

사랑의 저금통

◇ **난 이 도** ★★☆
◇ **청 소 도** ★☆☆
◇ **대상 연령** 5세 이상

◇ **준비물** 플라스틱 통 2개, 도일리 페이퍼, 도화지, 끈, 사인펜, 크레파스, 테이프, 칼, 가위

따뜻한 마음과 사랑이 많은 아이로 자라주었으면 하는 바람에 아이와 꼭 한번 하고 싶었던 사랑의 저금통 만들기를 해보았어요. 사랑의 저금통을 통해 세상을 향한 따뜻한 마음과 배려하는 마음이 조금씩 싹트길 바라봅니다.

놀이 만들기

1. 아이와 함께 후원과 나눔에 대해서 이야기를 나누어봅니다.

2. 플라스틱 통 2개를 테이프로 묶어줍니다.

3. 도일리 페이퍼에 지구 그림을 그립니다.

4. 도화지에 세계 여러 나라 아이들을 그립니다.

5. 도화지에 그린 아이들 그림을 색칠한 후 오려줍니다.

6. 지구 그림을 그린 도일리 페이퍼를 플라스틱 통에 감싼 후 테이프로 붙여줍니다.

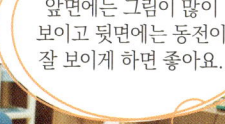

앞면에는 그림이 많이 보이고 뒷면에는 동전이 잘 보이게 하면 좋아요.

7. 플라스틱 통에 오려둔 아이들의 그림을 붙이고 끈으로 묶어 장식합니다.

8. 칼로 뚜껑에 구멍을 뚫어 동전 구멍을 만들어줍니다.

9. 사랑의 저금통이 완성되었습니다.

두 개의 저금통 중에 한쪽 저금통은 아이를 위한 것, 또 다른 저금통은 어려운 이웃을 위한 저금통으로 활용하세요.

색깔 비가 주룩주룩

◇ **난 이 도** ★☆☆
◇ **청 소 도** ★★☆
◇ **대상 연령** 4세 이상

◇ **준비물** 페트병 4~6개, 물감, 송곳, 물, 붓, 칼

페트병 뚜껑에 구멍을 내어 물감 놀이를 해보세요. "색깔비가 내리는 것 같아."라고 이야기해주면 더욱 재미있어합니다. 물감 놀이는 언제나 아이들에게 인기 있는 놀이이지만, 특별히 더 좋아하는 시기가 있어요. 그때는 화장실에 물감 놀이 도구를 비치해두고 아이가 원할 때마다 마음껏 물감 놀이를 할 수 있게 해주세요.

 ## 놀이 만들기

1. 페트병 윗부분에 칼집을 낸 후 가위로 매끄럽게 자릅니다.

2. 병뚜껑에 송곳으로 구멍을 여러 개 뚫어줍니다.

3. 잘라낸 페트병 위에 뚜껑을 닫은 패트병 윗부분을 아래로 가게 해서 넣어줍니다.

4. 페트병에 원하는 색깔의 물감을 짜 넣습니다.

5. 물감 위에 물을 부으면 색깔비가 내려옵니다.

6. 붓을 사용해 저어주면, 주룩주룩 예쁜 색깔 비가 더욱 잘 내립니다.

목욕할 때 물놀이 도구로 활용해도 좋아요.

마음껏 놀아요 1

물감을 섞어 색 혼합놀이를 하며, 색깔의 변화를 관찰해보세요.

마음껏 놀아요 2

남은 물감 물로 신문지에 있는 그림을 따라 그리는 놀이를 해보세요.

쑥쑥 자라는 칭찬 나무

◇ 난 이 도 ★★☆
◇ 청 소 도 ★★☆
◇ 대상 연령   4세 이상

◇ **준비물** 종이상자(대), 펀치, 모루, 색연필, 색종이, 가위, 풀

아이들에게 좋은 습관을 길러주기 위해 칭찬 스티커를 많이 사용했어요. 칭찬 판을 아이와 함께 만들고 아이가 직접 스티커를 붙이거나 사인하게 하면 더 효과적으로 좋은 습관을 기를 수 있어요. 칭찬 판이 필요하다면 아이와 함께 만들어보세요.

놀이 만들기

1. 종이상자에 나무를 그리고 오립니다.

2. 나무의 한 겹을 뜯어내 골판지가 보이도록 해서 나뭇결 느낌을 살려줍니다.

3. 나무를 펼친 종이상자에 붙입니다.

4. 색종이를 하트 모양으로 오려 나무에 붙여줍니다.

5. 제일 윗부분은 펀치로 뚫어줍니다.

6. 모루를 끼워 고리를 만들어줍니다.

7. 하트 모양 색종이에 1~30까지 숫자를 적고, 다른 빈 공간에는 지켜야 할 규칙을 적어봅니다.

8. 규칙을 잘 지키면 관련 하트 위에 스티커를 한 장씩 붙입니다.

> 처음 사용할 때는 사인을 하고, 두 번째 사용할 때는 스티커를 붙이면 재사용이 가능해요. 칭찬 나무 외에 책 나무로도 활용해보세요.

알록달록
예쁜 팔레트

◇ **난 이 도** ★☆☆
◇ **청 소 도** ★★☆
◇ **대상 연령** 4세 이상

◇ **준비물** 플라스틱 통 5~10개, 플라스틱 뚜껑, 연필, 색종이, 테이프, 가위, 글루건

플라스틱 통은 젤리를 먹고 남은 통을 재활용해서 쓰면 좋아요.

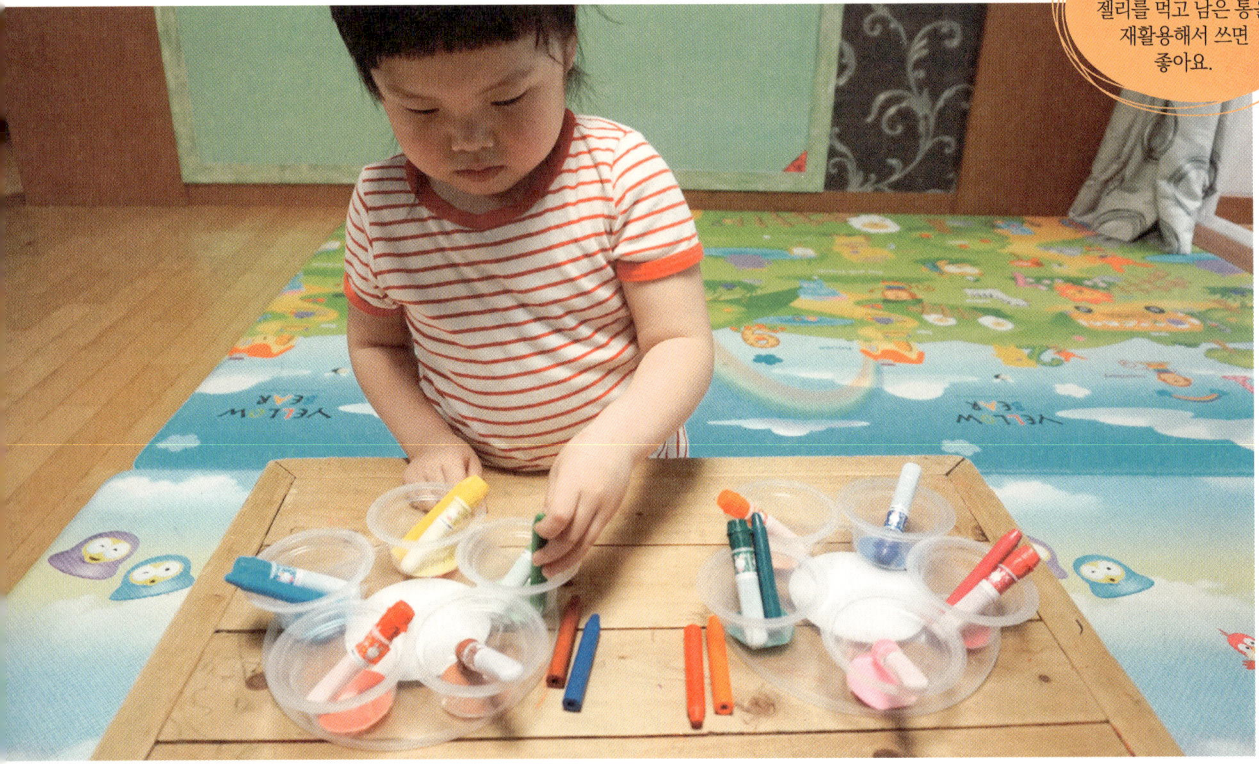

물감 놀이를 하기 전에 알록달록 예쁜 색깔 물감이 담겨 있는 팔레트를 아이와 함께 만들어보세요. 이 세상에 하나뿐인 팔레트로 자신만의 그림을 그린다면 멋진 그림을 그리는 꼬마 화가가 탄생할지도 몰라요.

놀이 만들기

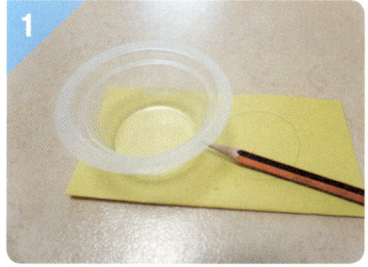

1. 색종이 위에 플라스틱 통의 밑부분을 대고 연필로 본을 떠 그립니다.

2. 밑부분을 그린 둥근 모양을 가위로 오립니다.

3. 동그랗게 오린 색종이의 앞뒷면 모두 테이프로 코팅하듯 붙입니다. 그런 후 둥근 모양대로 오려줍니다.

4. 플라스틱 통의 밑부분에 코팅한 색종이를 테이프로 붙입니다.

5. 널직한 플라스틱 뚜껑에 여러 색깔 옷을 입은 플라스틱 통을 글루건으로 붙입니다.

6. 똑같은 색깔의 크레파스를 담거나 물감을 짜서 팔레트로 사용합니다.

가운데 부분에는 플라스틱 컵이나 페트병을 잘라 끼워주면 붓꽂이나 물통으로 활용할 수 있어요.

마음껏 놀아요 1

벽에 전지를 붙이고 마음껏 그림을 그리며 놀아요.

딸랑딸랑 놀이 방울

◇ **난 이 도** ★☆☆
◇ **청 소 도** ★☆☆
◇ **대상 연령** 3세 이상

◇ **준비물** 일회용 음료 컵 뚜껑 2개, 포장 끈 70cm 정도, 나무젓가락, 방울, 포장지, 테이프, 가위

딸랑딸랑 소리가 나는 놀이 방울이에요. 놀이 방울을 흔들면서 소리를 들어보고, 끈을 돌돌 말았다가 풀어보기도 하고, 빙글빙글 회전 놀이도 해보세요. 방울 안 반짝이 가루가 흔들거리며 춤을 추듯 아이에게 재미를 준답니다.

놀이 만들기

1. 뚜껑의 빨대 구멍 안쪽과 바깥 부분에 테이프를 붙여 두 개 모두 똑같이 구멍을 막아줍니다.

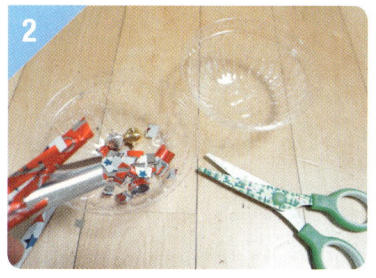

2. 포장지를 작게 잘라 뚜껑 속에 넣고, 방울도 넣어줍니다.

3. 컵 뚜껑을 서로 맞대고, 포장지와 방울이 나오지 않도록 꼼꼼하게 붙여줍니다.

끈 길이는 원하는 데로 조절해주세요.

4. 끈의 한쪽 끝을 컵 뚜껑에 붙이고, 다른 한쪽은 나무젓가락에 묶어 연결합니다.

5. 리본을 만들어 붙이면 놀이 방울이 완성됩니다.

마음껏 놀아요 1

방울 대신 불빛이 나는 공을 넣어도 좋아요.

마음껏 놀아요 2

습자지 또는 한지를 구겨 넣어 사과 등 다양한 과일을 만들어보세요.

화려한 꽃 가방

◇ **난 이 도** ★☆☆
◇ **청 소 도** ★☆☆
◇ **대상 연령** 3세 이상

◇ **준비물** 선물용 가방, 과일싸개, 양면테이프, 가위

명절이 지나면 한가득 쌓이는 과일싸개와 선물용 가방을 활용해서 만들어본 꽃 가방이에요. 아이들은 직접 만든 꽃 가방에 장난감을 담아서 가지고 다니며 재미있어 해요. 또는, 벽에 걸어 수납용으로 사용해도 좋아요.

놀이 만들기

1. 과일싸개를 꽃 모양으로 펼치고 뒷면에 양면테이프를 붙여줍니다.

과일싸개는 씻어서 말린 후 사용하세요.

2. 선물용 가방 양쪽 면에 과일싸개를 꽃 모양으로 붙여줍니다.

3. 화려한 꽃 가방이 완성됩니다.

마음껏 놀아요 1

꽃 가방을 다 가지고 논 후, 눈 코 입 구멍을 뚫어서 가면으로 만들어도 좋아요.

마음껏 놀아요 2

가방의 손잡이를 자르고 뒤집은 다음, 얼굴과 팔이 들어갈 수 있게 구멍을 뚫어주세요. 이렇게 만든 옷은 물감 놀이할 때 사용해도 좋아요.

빛나는 야광 볼

◇ **난 이 도** ★☆☆
◇ **청 소 도** ★☆☆
◇ **대상 연령** 3세 이상

◇ **준비물** 일회용 음료 컵 뚜껑 2개, 테이프, 끈 60cm 정도, 야광 스티커

일회용 컵 뚜껑 두 개로 아이들이 좋아하는 빛나는 놀잇감을 만들어보세요. 천장에 매달아주면 잠들 때 빛나는 야광 볼이 되어 마치 우주 여행을 하는 것 같다며 즐거워 해요. 손쉽게 만든 야광 볼이 아이들의 꿈나라 여행을 더욱 풍부하게 해준답니다.

놀이 만들기

1. 일회용 음료 컵 뚜껑을 서로 맞대고 테이프로 꼼꼼하게 붙입니다.

2. 빨대 구멍은 테이프로 막아줍니다.

3. 겉면에 야광 스티커를 붙이고 윗부분에 테이프로 끈을 붙입니다.

4. 끈으로 리본을 만들어 끈을 연결한 부분에 붙여 주면 더욱 예쁜 야광 볼이 됩니다.

마음껏 놀아요 1

불을 끄고 빛나는 모습을 관찰해보세요.

마음껏 놀아요 2

천장에 매달린 야광 볼을 막대기로 두드리며 노래해보세요.

딸랑딸랑 소리 나는 방울 신발

◇ **난 이 도** ★★☆
◇ **청 소 도** ★☆☆
◇ **대상 연령** 3세 이상

◇ **준비물** 우유갑(1L), 포장지, 방울, 테이프, 칼

딸랑딸랑 걸을 때마다 소리가 나는 방울 신발이에요. 포장지, 방울, 우유갑을 재활용해서 만든 멋진 신발이지요. 방울은 아이의 망가진 장난감 속에서, 포장지는 선물 받았던 포장지를 버리지 않고 모아두었다가 재활용했어요.

놀이 만들기

> 테이프의 접착면을 여러 번 만져주면 접착 부분이 약해져서 방울이 붙지 않아요.

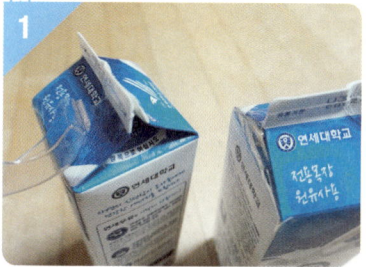

1. 우유갑의 입구 부분은 벌어지지 않게 테이프로 붙입니다.

2. 입구 부분의 세모난 공간에 방울을 넣고 테이프로 덮듯이 붙입니다.

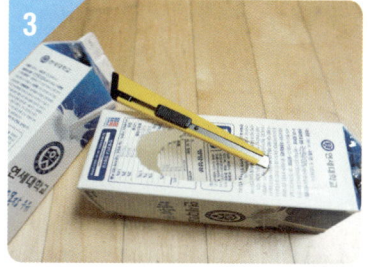

3. 우유갑을 칼로 도려내서 아이가 신을 수 있도록 구멍을 만들어줍니다.

4. 포장지로 우유팩을 포장하듯 감싼 후 테이프로 붙여줍니다.

5. 딸랑딸랑 소리가 나는 예쁜 방울 신발이 완성되었습니다.

마음껏 놀아요 1

신발을 신고 공놀이를 해보세요.

마음껏 놀아요 2

참치 캔 신발도 만들어 보세요. 스케이트를 타듯 놀이할 수 있어요.

> **만드는 방법**
> 참치 캔 2개를 뒤짚어 놓은 상태에서 테이프로 붙여 연결해줍니다. 신을 수 있게 과일 보호지 윗부분을 잘라줍니다. 과일 보호지를 참치 캔 위에 붙여줍니다. 똑같은 방법으로 한 짝 더 만들어줍니다.

여러 가지 빛깔 조명 컵

◇ 난 이 도 ★☆☆
◇ 청 소 도 ★☆☆
◇ 대상 연령 3세 이상

◇ **준비물** 종이컵, 손전등, 셀로판지, 도일리 페이퍼, 칼, 풀, 크레파스, 양면테이프, 가위

캄캄한 밤에 손전등 하나만 있어도 즐겁게 놀이하는 아이들을 위해 간단하게 종이컵으로 만들어 본 조명 컵이에요. 조명 컵으로 신호등 놀이도 하고, 벽지를 비춰보며 색깔 놀이도 즐길 수 있어요.

 ## 놀이 만들기

1. 도일리 페이퍼에 아이가 원하는 모양을 그린 후, 모양대로 칼로 도려냅니다.

2. 종이컵 윗부분에 양면테이프를 붙입니다.

3. 셀로판지를 잘라 도일리 페이퍼의 모양낸 부분에 붙여줍니다.

4. 종이컵에 도일리 페이퍼를 감싸듯 붙여줍니다.

5. 종이컵의 밑부분에 + 모양으로 칼집을 내줍니다.

6. 칼집을 낸 부분에 손전등을 끼워줍니다.

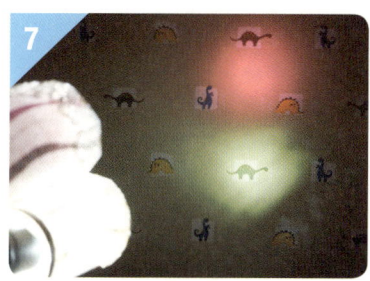

7. 불을 끄고 벽에 불빛을 비추며 마음껏 놀이 합니다.

마음껏 놀아요 1

눈에 대고 망원경 놀이도 해보세요.

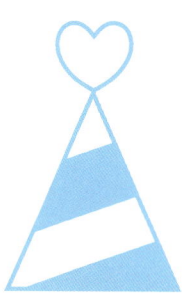

스마트폰 보관함 만들기

◇ **난 이 도** ★★☆
◇ **청 소 도** ★☆☆
◇ **대상 연령** 5세 이상

◇ **준비물** 음료 캐리어, 한지, 한지색종이, 리본테이프, 사인펜, 연필, 가위, 풀

스마트폰 사용을 자제하기 위해 아이와 함께 만들어본 보관함이에요. 편리한 스마트폰이지만 많이 사용하면 아이들이 건강하게 자라는 것을 방해하고, 창의적인 놀이도 사라지게 만듭니다. 아이와 함께 스마트폰에 관한 이야기를 나누며 꼭 필요할 때만 사용할 수 있게 보관함을 만들어보세요.

놀이 만들기

1 음료 캐리어를 납작하게 접습니다.

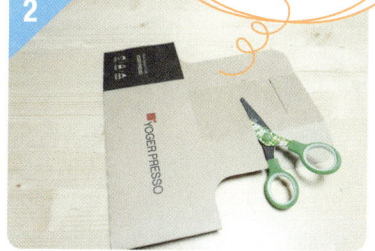

손잡이의 앞뒤 부분을 1cm 정도 남겨 두고 자르면 더 깔끔해 보여요.

2 손잡이 부분을 5cm 정도 남겨두고 잘라줍니다.

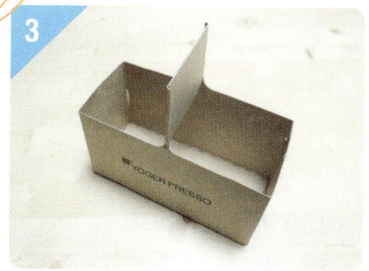

3 음료 캐리어를 다시 펴줍니다.

4 상자 부분을 한지로 감싸 붙여줍니다.

5 윗부분 테두리에 리본 테이프를 붙여 꾸며 줍니다.

가족마다 정한 스마트폰 사용 규칙이 있다면 함께 적어도 좋아요.

6 색종이에 스마트폰 그림을 그리고, '스마트폰 보관함'이란 문구를 써줍니다.

7 꾸민 그림과 문구를 상자의 앞뒤에 붙여줍니다.

리본을 만들어 붙여도 좋아요.

8 스마트폰 보관함이 완성되었습니다.

멋진 무대 배경 우유갑 건물

◇ **난 이 도** ★☆☆
◇ **청 소 도** ★☆☆
◇ **대상 연령** 3세 이상

◇ **준비물** 우유갑(1L), 칼, 가위, 유성매직

우유갑을 도화지 삼아 그림을 그리고 건물을 만들어보세요. 작은 무대의 배경이 되기도 하고, 손전등을 활용해 그림자놀이를 하기에도 아주 좋아요. 우유갑 하나만으로도 아이들은 신나게 놀이한답니다.

놀이 만들기

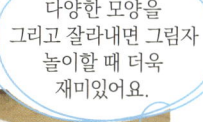

다양한 모양을 그리고 잘라내면 그림자 놀이할 때 더욱 재미있어요.

1. 우유갑의 한쪽 모서리를 잘라서 펼친 후, 밑부분은 잘라버리고 윗부분은 삼각형 모양으로 오립니다.

2. 유성매직으로 창문, 문 등 마음껏 그림을 그리고 꾸며줍니다.

3. 그림으로 그린 창문과 문, 다양한 모양을 칼로 도려냅니다.

4. 우유갑 건물이 완성되었습니다.

마음껏 놀아요 1

손전등의 거리를 조절하며 크기가 달라지는 그림자를 관찰해보세요.

마음껏 놀아요 2

우유갑 건물을 다시 붙여 네모난 입체 건물을 만들어보세요.

산책길에서 만난 예쁜 꽃과 풀, 그 속에서 살아가는 꼬물꼬물 작은 곤충 등 자연에서 만나는 모든 생물은 아이들에게 좋은 친구가 돼요. 자연에서 만난 친구들과 헤어지기 싫어하는 아이들을 위해 재활용품을 활용해 직접 꽃과 곤충 등을 만들어보세요. 이번 장에는 달팽이, 뱀, 나비, 꿀벌 등과 하늘에 둥실 떠있는 구름부터 활짝 핀 벚꽃과 숲 등 자연에 관한 신기한 놀이를 담았어요. 하나씩 만들다 보면 자연과 생명을 더욱 사랑하는 아이들이 될 거예요.

PART 4

꼬물꼬물 자연에서 찾은 신기한 놀이

하늘에 비구름이 둥실

◇ **난 이 도** ★★★
◇ **청 소 도** ★★★
◇ **대상 연령** 3세 이상

◇ **준비물** 종이상자(대), 신문지, 두루마리 화장지, 옷걸이, 니퍼, 끈, 휴지심, 크레파스, 테이프

아이들은 비 오는 날을 정말 좋아해요. 장화를 신고 우산을 쓰고 물웅덩이를 첨벙첨벙 걸어 다니지요. 언젠가 아이들이 비를 보면서 "비는 무슨 맛일까?", "구름이 묻어있으니 구름 맛이야."라고 하는 이야기를 들었어요. 그 말에 비와 구름에 대한 놀이를 만들어보기로 했지요. 비가 오는 날이라고 상상하고 거실에서 신문지와 화장지를 활용해 비구름 놀이를 해보세요.

놀이 만들기

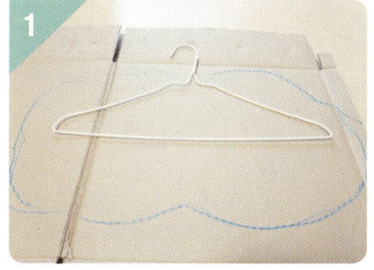

1. 종이상자 위에 옷걸이를 올리고 옷걸이보다 조금 크게 구름을 그린 후 오려줍니다. 똑같은 모양으로 하나를 더 만들어줍니다.

2. 파란색 크레파스로 오린 구름을 색칠합니다.

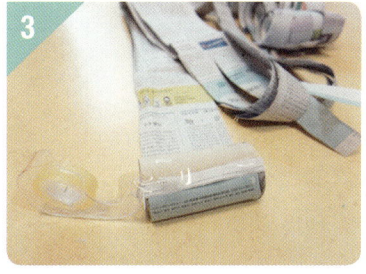

3. 신문지를 휴지심 폭에 맞게 잘라 붙입니다. 붙인 신문지는 세로로 여러 번 자른 후, 휴지심에 돌돌 말아줍니다.

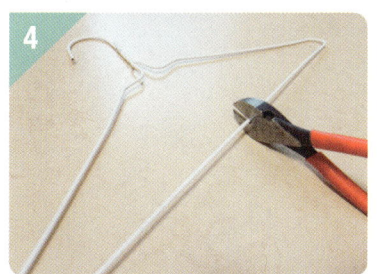

4. 옷걸이의 가운데 부분을 니퍼로 자릅니다.

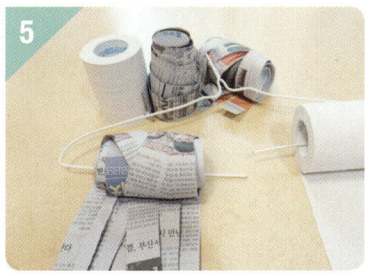

5. 옷걸이에 신문지를 말아둔 휴지심과 두루마리 화장지를 끼웁니다.

6. 옷걸이의 자른 부분을 테이프로 단단하게 붙여줍니다.

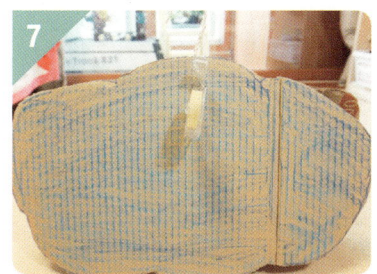

7. 옷걸이 윗부분 앞뒤로 미리 만들어둔 구름을 테이프로 붙여 단단히 고정합니다.

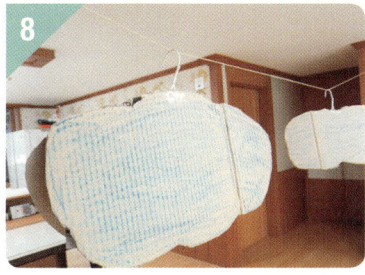

8. 집 안에 끈을 달아 완성된 구름을 걸어줍니다.

9. 아이들이 휴지와 신문지를 마음껏 잡아당기며 비구름 놀이를 합니다.

느릿느릿 뽁뽁이 달팽이

◇ **난 이 도** ★★☆
◇ **청 소 도** ★☆☆
◇ **대상 연령** 4세 이상

◇ **준비물** 에어캡(뽁뽁이), 눈알 장식, 색종이, 테이프, 가위

아이들은 달팽이를 참 좋아해요. 풀숲에서 달팽이를 발견할 때면 동그랗게 눈을 뜨고 관찰하기 바쁘지요. 천천히 자신의 속도에 맞춰 살아가는 달팽이는 저도 좋아하는 생물이에요. 귀엽고 신비로운 달팽이를 포장용 에어캡을 활용해 만들어보았어요. 아이들은 진짜 달팽이를 만난 것 마냥 좋아하며 신나게 놀이하네요.

놀이 만들기

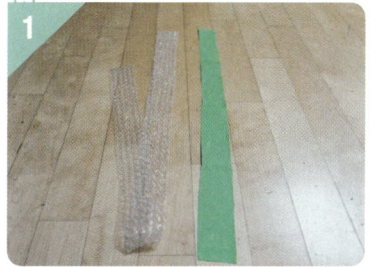

에어캡은 넓이 5cm, 길이 75~80㎝ 크기로 길게 자르고, 색종이는 이어 붙여서 넓이 5cm, 길이 50㎝로 만듭니다.

에어캡 위에 색종이를 올립니다.

에어캡과 색종이를 함께 돌돌 말아 달팽이집을 만듭니다.

에어캡을 25㎝ 정도 남긴 후, 남은 부분을 반으로 접고 한 번 더 반으로 접어줍니다.

접은 부분을 위로 올려 테이프로 고정해서 달팽이 머리 부분을 만듭니다.

색종이를 작게 잘라 돌돌 말아서 테이프로 고정합니다. 2개를 만들어줍니다.

달팽이 머리 부분에 구멍을 내고 돌돌 만 색종이를 끼웁니다.

색종이 윗부분에 눈알 장식을 붙이면 달팽이가 완성됩니다.

마음껏 놀아요 1

뽁뽁이 달팽이와 함께 책이나 그림을 보면서 달팽이에 대해서 알아보세요.

숲에서 일어난 이야기

◇ **난 이 도** ★★☆
◇ **청 소 도** ★★☆
◇ **대상 연령** 4세 이상

◇ **준비물** 스티로폼, 빨대, 이쑤시개, 스티커, 소금(또는 설탕)

빨대와 이쑤시개를 활용해 나무를 만들어 숲을 꾸며 봤어요. 숲은 계절마다 새로운 모습으로 변해요. 아이들과 함께 작은 숲을 만들며 봄 여름 가을 겨울 숲에서는 어떤 일들이 일어나는지 이야기해보세요. 자연에 대한 호기심도 키우고, 계절의 변화를 자연스럽게 이해하는 좋은 기회가 될 거예요.

놀이 만들기

1. 이쑤시개를 빨대 사이에 꽂아줍니다.

빨대를 살짝 누른 후 이쑤시개를 꽂으면 잘 들어가요.

2. 이쑤시개를 살짝 꺾어 나뭇가지를 표현합니다.

3. 빨대 밑부분을 사선으로 자른 후, 스티로폼에 꽂습니다.

4. 이쑤시개를 지지대 삼아 쓰러지는 나무를 표현합니다.

5. 나무 위에 소금을 뿌리며 눈이 내리는 모습과 숲에 눈이 쌓인 모습을 표현합니다.

6. 소금을 치우고 나무에 스티커를 붙여 새싹을 만들며 숲에 봄이 찾아온 모습을 표현합니다.

마음껏 놀아요 1

봄 여름 가을 겨울 숲에서는 어떤 일들이 일어나는지 아이들과 함께 이야기해보세요.

알록달록 뽁뽁이 뱀

◇ **난 이 도** ★★☆
◇ **청 소 도** ★☆☆
◇ **대상 연령** 3세 이상

◇ **준비물** 에어캡, 빨대, 눈알 장식, 유성매직, 테이프, 가위

스르륵 스르륵 에어캡으로 만든 뽁뽁이 뱀이에요. 뱀은 혀로 냄새를 맡고, 귀가 없어 온몸으로 소리를 듣는다고 해요. 뱀 놀잇감과 함께 아이들이 뱀이 되어 온몸으로 소리를 느껴보는 시간을 가져보세요.

놀이 만들기

1. 에어캡을 가로 5cm, 길이 70cm 정도로 잘라줍니다.

2. 30cm 정도를 돌돌 말아 테이프로 고정시켜 머리 부분을 만듭니다.

3. 끝부분은 가위로 잘라 꼬리 모양을 만듭니다.

> 빨대의 뾰족한 부분에 다치지 않도록 여러 번 구부렸다 폈다 해서 부드럽게 만들어주세요.

4. 머리 부분에 눈알 장식을 붙이고, 빨대를 잘라 두 갈래의 혀 모양을 만들어줍니다.

5. 입 부분에 빨대가 들어갈 수 있게 가위로 구멍을 냅니다.

6. 혀 모양 빨대를 끼워 위아래로 테이프를 붙여 고정합니다.

7. 다양한 색의 유성매직으로 알록달록하게 뱀을 꾸며줍니다.

8. 같은 방법으로 여러 마리를 만들어봅니다.

마음껏 놀아요 1

뱀에 관련된 책을 보며 직접 만든 뱀과 비슷한 점을 이야기해보세요.

활짝 핀 벚꽃

◇ 난 이 도 ★☆☆
◇ 청 소 도 ★☆☆
◇ 대상 연령 3세 이상

◇ **준비물** 자석 장난감, 자석 칠판, 키친타월, 빵 끈, 보드마카, 가위

벚꽃은 참 예쁜데 금방 져 버려서 아쉬워요. 아이들은 벚꽃 잎이 떨어지는 것을 보면서 눈이 내린다고 좋아합니다. 이 놀이는 벚꽃이 그리울 때 하면 좋은 놀이예요. 벚꽃을 한번 만들어볼까요?

놀이 만들기

1. 키친타월 위에 자석 장난감을 올려줍니다.

자석이 밑부분으로 가게 해서 자석 칠판에 붙을 수 있도록 합니다.

2. 자석 장난감을 키친타월로 감싸줍니다.

3. 빵 끈으로 돌려서 묶어줍니다.

4. 키친타월 윗부분을 가위로 잘라 꽃 모양을 만들어줍니다.

5. 보드마카로 자석 칠판에 나무를 그려줍니다.

6. 자석 칠판에 꽃을 붙이면 꽃이 활짝 핀 벚나무가 완성됩니다.

마음껏 놀아요 1

점수판을 그려 벚꽃을 던지면서 놀이해요.

코코아 먹물을 쏘는 문어

◇ **난 이 도** ★☆☆
◇ **청 소 도** ★★☆
◇ **대상 연령** 3세 이상

◇ **준비물** 요거트 통, 송곳, 약병, 코코아, 눈알 장식, 색종이, 크레파스, 양면테이프, 가위

플라스틱 요거트 통을 활용해 간단히 문어를 만들어 보았어요. 문어의 특징을 살려 먹물 쏘기 놀이를 할 수 있게 만들었더니 아이들이 더욱 재미있어 하네요. 문어를 만들면서 아이들은 문어의 다리가 몇 개인지 자연스럽게 알 수 있었답니다.

놀이 만들기

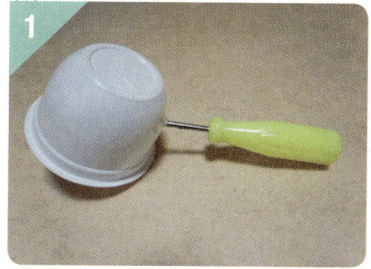
1. 깨끗이 씻어 말린 요거트 통 중간에 송곳으로 구멍을 뚫어줍니다.

2. 색종이로 문어 다리를 만들고 빨판도 그려줍니다.

3. 요거트 통 안쪽에 양면테이프를 붙이고, 문어 다리 8개를 붙여줍니다.

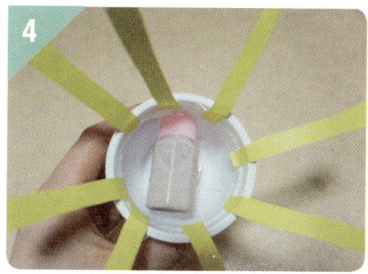
4. 요거트 통 안쪽 구멍에 코코아를 담은 약병을 꽂아줍니다.

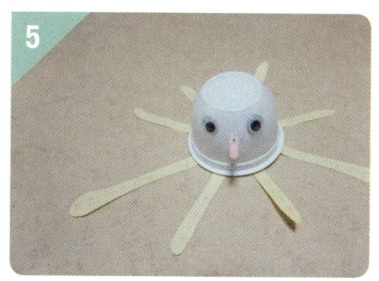
5. 눈알 장식을 붙여서 문어를 완성합니다.

마음껏 놀아요 1
코코아 먹물을 직접 먹어 보며 놀이해요.

마음껏 놀아요 2
종이 상자로 놀이판을 만들어서 먹물 멀리 쏘기 놀이를 해보세요.

손이 꽁꽁 얼음낚시터

◇ **난 이 도** ★★★
◇ **청 소 도** ★★☆
◇ **대상 연령** 3세 이상

◇ **준비물** 플라스틱 통, 얼음, 나무젓가락, 자석, 스티로폼 용기, 유성매직, 할핀, 끈(약 25cm), 가위

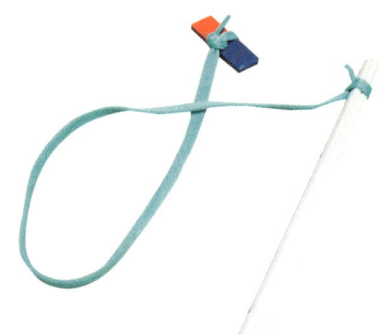

한겨울에 하는 얼음낚시는 아이들에게 색다른 추억을 만들어줘요. 하지만 외출이 쉽지 않다면 집에서 얼음을 얼려 얼음낚시를 해보세요. 얼음을 얼리는 과정도 아이와 함께하면 호기심을 갖고 놀이를 기다리지요. 너무 추워 밖에 나갈 엄두가 나지 않는 한겨울이나 무더위가 찾아온 한여름에도 즐기기 좋은 놀이랍니다.

놀이 만들기

얼음을 얼릴 때는 오목한 그릇에 물을 붓고 동그란 구멍이 생길 수 있도록 가운데 컵을 올려놓은 후 냉동실에 얼립니다.

플라스틱 통에 들어갈 수 있는 크기의 그릇에 얼려주세요.

스티로폼 용기에 물고기를 그립니다.

물고기를 가위로 오리고 뒷부분에 할핀을 꽂아줍니다.

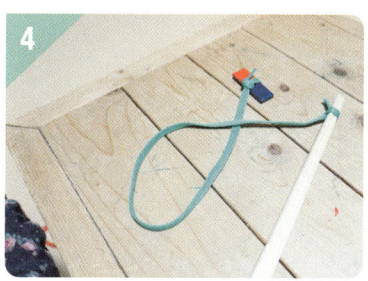

나무젓가락에 끈을 묶고 자석을 연결해서 낚싯대를 만듭니다.

플라스틱 통에 물을 붓고 물고기를 넣어줍니다.

완성된 얼음을 꺼내 그릇과 분리하면 가운데 구멍이 뚫린 동그란 얼음이 만들어집니다.

얼음을 플라스틱 통에 넣어 띄워줍니다.

얼음 안쪽에 물고기가 있는 얼음낚시터가 완성됩니다.

자석 낚싯대로 얼음 속에 떠다니는 물고기를 마음껏 잡아봅니다.

꽃밭으로 날아온 나비

◇ **난 이 도** ★☆☆
◇ **청 소 도** ★☆☆
◇ **대상 연령** 3세 이상

◇ **준비물** 서류봉투(대), 빨대, 크레파스, 색종이, 테이프, 가위, 풀

색종이로 꽃을 만들고, 서류봉투를 활용해 꽃밭을 만들었어요. 나비가 날아다니며 살포시 꽃에 앉기도 하고, 아이 머리에 앉기도 하지요. 나비놀이를 통해 아이와 도란도란 이야기꽃을 피워 보세요.

놀이 만들기

1. 서류봉투의 중간 부분과 밑부분을 가위로 자릅니다.

2. 잘라낸 서류봉투 위쪽 부분을 반으로 접어 나비를 만듭니다.

3. 나비의 뒷면에 빨대를 붙입니다.

4. 색종이를 접어 꽃 모양으로 오려서 다양한 색깔의 꽃을 만듭니다.

5. 서류봉투 아랫부분에 풀도 표현해서 꽃밭으로 꾸밉니다.

6. 예쁜 꽃밭과 나비가 완성됩니다.

7. 나비가 달린 빨대를 꽃밭으로 꾸민 봉투 안에 넣은 후 놀이합니다. 나비를 봉투 안에 넣고 올렸다 내렸다 하면서 숨기 놀이를 합니다.

마음껏 놀아요 1
꽃밭을 날아다니는 나비 이야기를 들려주세요.

윙윙
귀여운 꿀벌

◇ **난 이 도** ★★★
◇ **청 소 도** ★☆☆
◇ **대상 연령** 3세 이상

◇ **준비물** 달걀판(플라스틱), 이쑤시개, 모루, 눈알 장식, 유성매직, 테이프, 가위

꽃밭에서 쉽게 볼 수 있는 꿀벌은 아이들이 좋아하는 곤충 중 하나예요. 뾰족한 침에 쏘이면 아프다는 것을 모르는 아이들은 마냥 꿀벌을 좋아하지요. 달걀판으로 꿀벌을 만들어서 아이의 호기심을 채워주세요.

놀이 만들기

1. 달걀판의 뚜껑 부분을 날개 모양이 되도록 가위로 잘라줍니다.

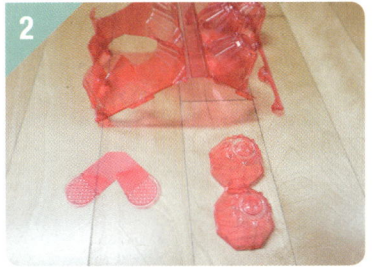

2. 달걀판에서 두 칸을 서로 떨어지지 않게 잘라줍니다.

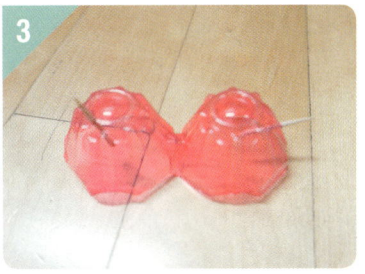

3. 더듬이를 만들기 위해 앞쪽 두 군데에 이쑤시개로 구멍을 뚫고, 끝부분에는 이쑤시개를 꽂아 벌침을 표현해줍니다.

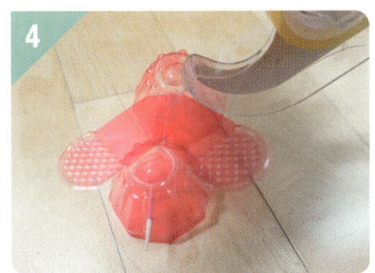

4. 오려낸 날개를 테이프로 붙여줍니다.

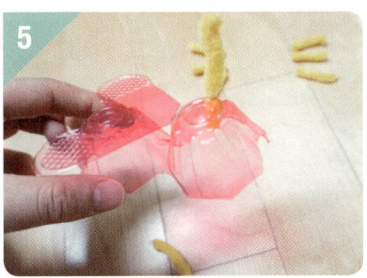

5. 모루를 잘라 앞부분의 구멍에 끼워 더듬이를 만들어줍니다.

6. 모루를 잘라 안쪽 부분에 테이프로 붙여 다리를 만들어줍니다.

7. 배 부분에는 매직으로 줄무늬를 그려줍니다.

8. 눈알장식을 붙이면 꿀벌이 완성됩니다.

새야, 새야 맘마 먹자

◇ **난 이 도** ★★☆
◇ **청 소 도** ★★☆
◇ **대상 연령** 3세 이상

◇ **준비물** 빨대, 눈알 장식, 연필, 색종이, 가위, 칼, 쌀알

빨대는 두꺼울수록 좋아요.

어른들에게 새똥은 그저 배설물에 불과하지만, 아이들에게는 그마저도 신기하고 재미있는 놀이거리가 돼요. 장난감 새를 만들어 먹이도 주고, 직접 응가도 시키며 재미있게 놀아보세요.

놀이 만들기

1
색종이를 반으로 접고, 한 번 더 반으로 접은 뒤 물결무늬를 그려줍니다.

2
물결무늬를 따라 오린 후 색종이를 한 번만 펼칩니다.

3
한 쪽 부분이 1cm 정도 위로 가도록 다시 접습니다.

4
빨대를 살짝 누른 후 칼로 가운데 부분을 7cm 정도(날개 길이만큼) 잘라줍니다.

5
빨대의 칼집 낸 부분에 색종이를 끼우고 가위로 색종이 끝부분을 잘라 깃털 느낌을 살려줍니다.

연필을 이용해 색종이 끝을 살짝 위로 말아 올려주면 깃털 느낌이 더 살아나요.

6
빨대의 밑부분과 윗부분을 가위로 잘라 꼬리와 부리를 만듭니다.

7
얼굴 부분에 눈알 장식을 붙여 새를 완성합니다.

마음껏 놀아요 1
새 부리로 쌀을 넣으면 반대쪽 꼬리로 나옵니다. 자유롭게 먹이 놀이와 응가 놀이를 해요.

마음껏 놀아요 2
투명 빨대로 새를 만들면 먹이 놀이와 응가 놀이를 더욱 흥미롭게 할 수 있어요.

날개 끝쪽 빨대 밑부분에 가위로 구멍을 만들면 응가 놀이를 더 재미있게 할 수 있어요.

※
――― ―――

집안을 유심히 둘러보면 곳곳에 아이들이 흥미로워하는 생활소품들이 많이 있어요. 빨래 건조대, 식탁, 의자, 매트, 이불, 모두 아이에게 훌륭한 놀잇감이 되어줍니다. 이번 장에서는 빨래 건조대, 매트, 의자, 키친타올 등 집안에 있는 생활소품을 활용해 간단하게 놀잇감을 만들어보았어요. 순식간에 뚝딱 완성되는 놀잇감이라 엄마는 쉴 수 있고, 아이들은 자신만의 공간에서 상상의 나래를 펴며 마음껏 즐길 수 있답니다.

PART 5

5분이면 OK
초간단 놀이

빨래 건조대 놀이 텐트

◇ **난 이 도** ★☆☆
◇ **청 소 도** ★☆☆
◇ **대상 연령** 2세 이상

◇ **준비물** 빨래 건조대 1~2개, 이불

자신만의 독립 공간을 좋아하는 아이들을 위해 보통 놀이 텐트를 많이 사주곤 해요. 하지만 부피가 크고 청소하기 쉽지 않아 애물단지가 되곤 하지요. 집에 활용 공간이 많이 없다면 텐트를 사주기보다는 간단히 빨래 건조대와 이불로 놀이 텐트를 만들어보세요. 빨래 건조대로 터널 놀이, 집 고치기 놀이, 닭장 놀이까지 다양한 놀이를 할 수 있고, 놀이가 끝나면 쉽게 걷을 수 있답니다.

놀이 만들기

1 빨래 건조대는 날개 부분을 접은 채 세워줍니다.

2 빨래 건조대 위에 이불을 펼쳐 덮어줍니다.

3 장난감, 인형, 책을 가져와 다양하게 놀이합니다.

마음껏 놀아요 1
빨래 건조대를 옆으로 눕히고 칸을 만들어 방 놀이를 해보세요.

마음껏 놀아요 2
빨래 건조대로 터널 놀이를 해보세요. 훌라후프 2개를 연결해서 기차를 만들어 놀면 좋아요.

타악기 만들기

- **난 이 도** ★☆☆
- **청 소 도** ★☆☆
- **대상 연령** 2세 이상

◇ **준비물** 소리 나는 통(분유 통, 플라스틱 통, 쿠션, 장난감 북 등), 북채(북채 대신 쓸 수 있는 물건)

여러 가지 형태와 모양, 특징이 다른 물건들을 타악기로 만들어 두드려보세요. 다르게 나는 소리를 들어보며 여러 가지 물건을 관찰해보는 시간을 가질 수 있어요. 신나게 두드리고 노래를 부르면 아이와 함께 즐거운 음악 시간이 시작됩니다.

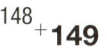

 ## 놀이 만들기

물건들의 모양이나 특징 생김새를 관찰하며 어떤 소리가 날지 아이들과 미리 예측해봅니다.

북채를 활용해 하나씩 두드리며 소리를 들어봅니다.

여러 모양의 통을 두드리며 동요를 불러봅니다.

여러 가지 재활용품을 끈에 매달아 마음껏 두드리며 연주해요.

쌓을 수 있는 물건은 쌓기 놀이를 해보세요.

빙글빙글 수박 끈 회전 놀이

- **난 이 도** ★☆☆
- **청 소 도** ★☆☆
- **대상 연령** 3세 이상

- **준비물** 공(또는 탱탱볼), 수박 끈, 신문지, 포장지

수박 끈 속에 공이나 탱탱볼을 넣고 끈을 꼬아준 다음 놓으면 공이 빠르게 회전하는 모습을 볼 수 있어요. 빙글빙글 빠르게 돌아가는 공을 보면서 아이들은 재미있어합니다. 어린 아이일수록 단순한 놀이를 정말 좋아해요. 수박 끈과 공만 있으면 되니 야외에서도 간단하게 할 수 있어요.

놀이 만들기

공 회전 놀이

1. 수박 끈 속에 공을 넣습니다.

2. 수박 끈이 다 꼬일 때까지 공을 돌린 후, 손을 놓으면 공이 빠르게 회전합니다.

포장지 붙여 회전 놀이

1. 공을 돌린 후 끈이 풀어지지 않게 잡고 포장지를 길게 잘라 붙여줍니다.

2. 공이 회전할 때 포장지의 무늬가 어떻게 변하는지 관찰해봅니다.

신문지 붙여 회전 놀이

1. 공을 돌린 후 끈이 풀어지지 않게 잡고 신문지를 길게 오려 붙여줍니다.

2. 신문지가 한들한들 춤을 추며 회전하는 모습을 관찰해봅니다.

신나는 매트 터널

◇ **난 이 도** ★☆☆
◇ **청 소 도** ★☆☆
◇ **대상 연령** 3세 이상

◇ **준비물** 의자 3~4개, 매트

매트와 의자를 활용해 만든 매트 터널이에요. 의자 위에 올라가 구르기, 뜀틀처럼 뛰기, 평균대 위를 걷는 것처럼 걷기, 매트 터널 속을 기기도 하며 다양한 놀이 겸 운동을 할 수 있어요. 밖에서 뛰어놀지 못해 신체 활동이 부족한 날에 하면 좋은 놀이예요.

 ## 놀이 만들기

1. 의자를 한 줄로 붙여 놓아줍니다.

(의자 모양이 달라도 괜찮아요. 아이들이 통과할 수 있게 의자를 배치해보세요.)

2. 의자 위를 매트로 덮어주면 매트 터널이 완성됩니다.

3. 터널 속을 통과하고 뛰어 오르며 마음껏 놀이 합니다.

마음껏 놀아요 1

뜀틀처럼 뛰어넘는 놀이도 해보세요.

포근한 이불 침낭

◇ **난 이 도** ★☆☆
◇ **청 소 도** ★☆☆
◇ **대상 연령** 2세 이상

◇ **준비물** 이불, 보자기

이불 양쪽 끝을 보자기로 묶어 아늑한 침낭을 만들어보세요. 이불 속으로 쏙 들어가 한참 동안 나오지 않고 즐겁게 놀이한답니다.

 ## 놀이 만들기

1. 이불을 길게 3등분으로 접은 후 양쪽 끝을 보자기로 묶어줍니다.
2. 아이가 들어갈 수 있게 이불을 벌여 공간을 만들어줍니다.
3. 이불 침낭이 완성됩니다.

마음껏 놀아요 1

한쪽 구석에 이불을 쌓아 이불 산을 만들어보세요.

옷걸이 윈드차임

- **난 이 도** ★☆☆
- **청 소 도** ★☆☆
- **대상 연령** 3세 이상

◆ **준비물** 옷걸이, 숟가락, 포크, 노끈 80~90㎝, 테이프

신비롭고 맑은 소리가 나는 윈드차임을 숟가락과 옷걸이를 활용해 만들었어요. 비록 실제 악기만큼 신비롭고 맑은 소리가 나지는 않지만 제법 멋진 소리가 난답니다. 무엇보다도 아이들이 직접 만든 악기로 마음껏 연주할 수 있어서 더욱 신이 나요.

놀이 만들기

1. 숟가락과 포크를 크기대로 나열합니다.

2. 숟가락과 포크에 끈을 테이프로 붙여 줍니다.

떨어지지 않도록 테이프를 여러 번 돌려 감아주세요.

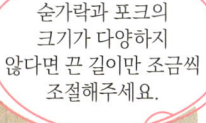

숟가락과 포크의 크기가 다양하지 않다면 끈 길이만 조금씩 조절해주세요.

3. 숟가락과 포크의 끈 길이도 조금씩 길어지게 해줍니다.

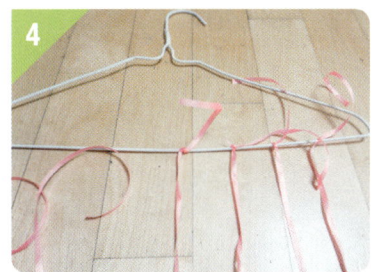

4. 옷걸이에 끈을 묶어 연결합니다.

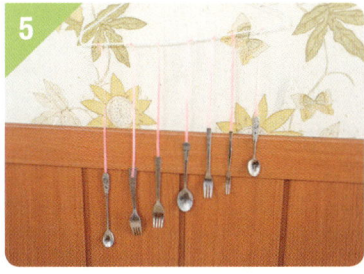

5. 완성된 옷걸이 윈드차임을 연주하기 편한 곳에 걸어줍니다.

6. 숟가락을 들고 윈드차임을 연주합니다.

삐뽀삐뽀 구급차 놀이

◇ 난 이 도 ★☆☆
◇ 청 소 도 ★☆☆
◇ 대상 연령 3세 이상

◇ **준비물** 과일상자(대) 2개, 이불, 커튼 끈, 박스 테이프, 가위

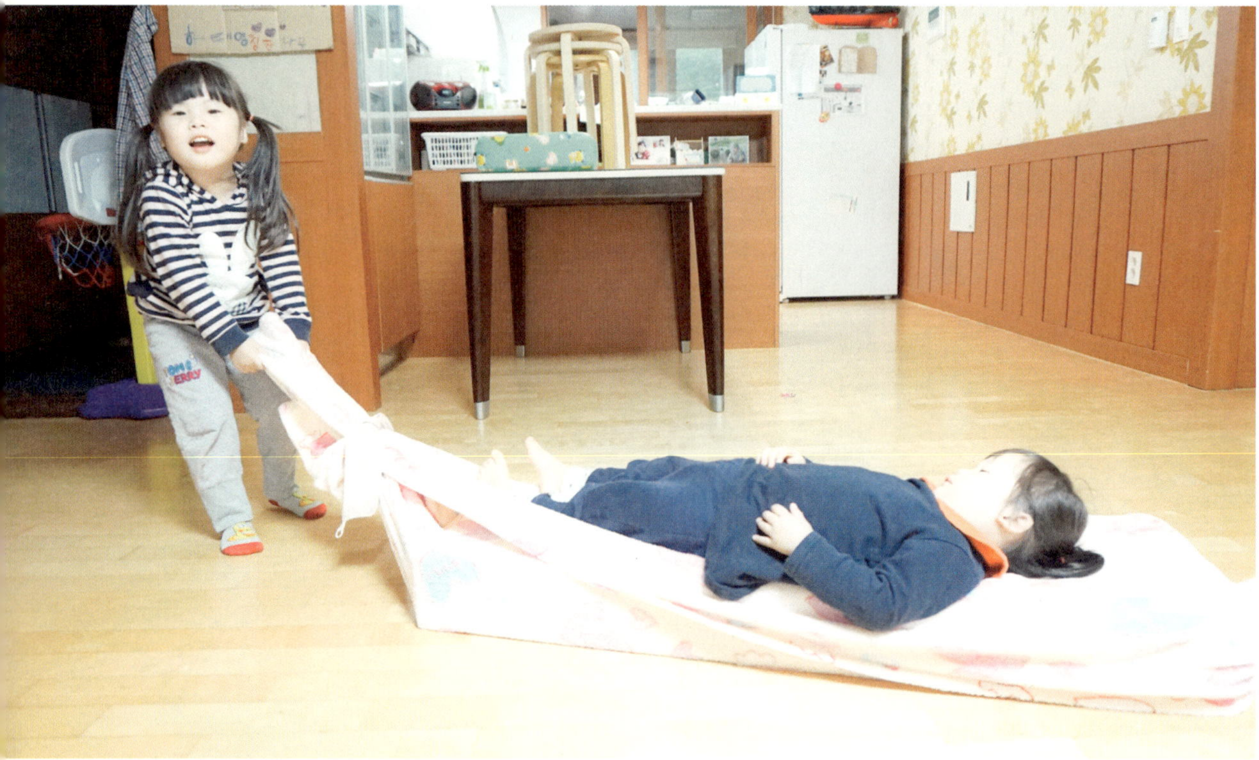

아이들은 구급차를 참 좋아해요. 상자 2개를 연결해 이동 침대를 만들어 구급차 놀이를 해보세요. 식탁을 구급차로 삼고 이동 침대를 넣었다 뺐다 하며 놀이해보세요. 상자로 만든 이동 침대로 아이들이 좋아하는 병원 놀이도 할 수 있어요.

 ## 놀이 만들기

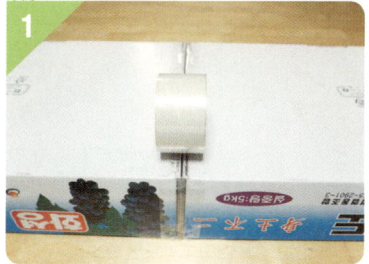

1. 상자 2개를 앞뒤로 붙여 박스 테이프로 꼼꼼하게 고정합니다.

2. 이불 위에 상자를 뒤집어 올려놓습니다.

3. 상자를 이불로 감싸줍니다.

4. 양쪽 끝부분을 커튼 끈으로 단단히 묶어줍니다.

5. 뒤집으면 구급차 이동 침대가 완성됩니다.

6. 식탁을 구급차로 삼고 이동 침대를 안으로 넣었다 빼며 놀이합니다.

마음껏 놀아요 1

이동 침대로 병원놀이나 자동차 놀이도 해보세요.

싹둑싹둑 미용실 놀이

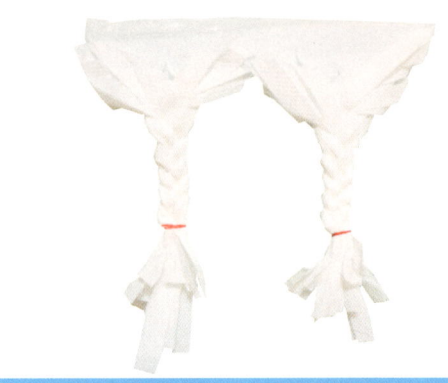

- ◇ 난 이 도 ★☆☆
- ◇ 청 소 도 ★☆☆
- ◇ 대상 연령 3세 이상

◇ **준비물** 키친타월, 빗, 머리끈, 테이프, 가위

키친타월을 이용해 미용실 놀이를 해보세요. 미용실 놀이는 여자 아이들뿐만 아니라 남자 아이들도 좋아한답니다. 한참 가위질 놀이에 빠져 이것저것 자르고 싶어 하는 아이들에게 알맞은 놀이에요. 또한, 머리카락을 묶기 싫어하는 여자아이에게도 좋은 놀이가 될 거예요.

놀이 만들기

1. 키친타월을 가위로 길게 잘라줍니다.

2. 자른 키친타월을 벽이나 자석칠판 등 아이가 놀기 편한 곳에 테이프로 붙여줍니다.

3. 미용실에 온 것처럼 빗으로 빗어주며 놀아봅니다.

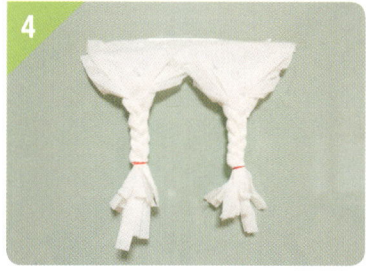

4. 머리카락 땋기도 하고, 머리끈으로 머리를 묶으며 놀아봅니다.

5. 땋은 머리카락을 풀면 고불고불 파마머리가 됩니다.

6. 실컷 가지고 논 후에 가위로 머리카락을 마음껏 잘라봅니다.

흔들흔들 반짝이는 불빛 상자

◇ **난 이 도** ★☆☆
◇ **청 소 도** ★☆☆
◇ **대상 연령** 3세 이상

◇ **준비물** 불빛 나는 공(또는 장난감), 뚜껑 있는 종이상자(소), 색연필, 칼

종이상자를 활용해 간단하게 만들어본 불빛상자예요. 밤에 불을 끄고 보면 반짝반짝 멋진 조명 장난감이 되어 아이들이 무척 신기해하지요. 간단하게 만들 수 있는 불빛상자로 아이들과 행복하게 하루를 마무리해보세요.

놀이 만들기

아이들이 원하는 모양으로 상자를 꾸며도 좋아요.

1 종이상자에 세모나 네모, 동그라미 등 여러 모양을 그립니다.

2 종이상자에 그린 모양을 따라 칼로 잘라 구멍을 냅니다.

3 종이상자에 불빛이 나는 공을 넣습니다.

4 다양한 빛이 세어나오는 불빛상자가 완성됩니다.

마음껏 놀아요 1

작은 상자 3개를 활용해 불빛 나는 기차를 만들어보세요.

※
─────

　아이들은 싱크대 속을 뒤져 냄비, 프라이팬 등 주방 도구들을 꺼내서 놀기도 하고, 냉장고 속에 무엇이 들어있는지 궁금해 수시로 문을 열어보기도 하지요. 이런 아이들을 위해 가끔은 함께 요리해보세요. 아이들은 요리 재료를 놀이로 활용할 때 발상의 전환이 자유로워진답니다.

　이번 장에서는 사과, 귤, 호박, 식빵 등 친근한 재료로 재미있게 놀고 맛있는 음식도 맛볼 수 있는 놀이를 담았어요. 아이들과 함께 킁킁 냄새도 맡아보고 냠냠 맛있는 음식도 먹어보며 즐거운 시간을 보내보세요.

PART 6

냠냠 맛있는 놀이

사과로 수학 놀이

◇ **난 이 도** ★★☆
◇ **청 소 도** ★☆☆
◇ **대상 연령** 4세 이상

◇ **준비물** 사과, 칼, 빨대, 쟁반, 크레파스, 스케치북

냠냠 맛있는 사과로 수학 놀이를 해봐요. 사과와 관련된 책을 함께 보면서 사과에 대해 알아보고 사과를 활용해 입체, 면, 선, 점 등을 만들어보세요. 조형의 기본요소를 자연스럽게 알려줄 수 있을 뿐만 아니라 놀이하다 맛있게 먹을 수도 있답니다.

놀이 만들기

> 놀이하는 과정 속에서 입체, 면, 선, 점에 대한 이야기를 해주세요.

1

사과를 잘라서 만져 보고, 냄새를 맡으며 탐색하는 시간을 갖습니다.

> 사과와 관련된 책을 함께 보면 좋아요.

2

사과를 측면으로 얇게 자른 후, 사진처럼 도려냅니다.

3

스케치북에 잘라낸 사과 테두리를 올려놓고 겉면을 따라 그립니다.

4

도려낸 사과 안쪽 부분은 빨대로 찍어서 사과 점을 만들어줍니다.

> 빨대를 짧게 잘라 사용하세요.

5

여러 번 사과를 찍으면 빨대 위로 찍힌 사과가 밀려나옵니다. 혹은 더 작은 빨대를 밀어 넣어 사과를 빼 줍니다.

6

스케치북에 그린 테두리 위에 사과 점을 올려줍니다.

7

사과로 입체, 면, 선, 점의 표현을 완성합니다.

마음껏 놀아요 1

빨대로 사과를 찍어 만든 사과 점(사과 조각)으로 놀이해요. 빨대를 불어 멀리 날리기, 신문지 안에 골인하기 등 다양한 놀이를 즐겨보세요.

마음껏 놀아요 2

사과를 얇게 잘라 점수판(과녁판)을 만들고 사과로 화살도 만들어 놀이해보세요.

귤로 만든 토끼와 거북

- ◇ **난 이 도** ★☆☆
- ◇ **청 소 도** ★☆☆
- ◇ **대상 연령** 4세 이상

◇ **준비물** 귤, 이쑤시개, 유성매직

말랑말랑 귤껍질을 까서 토끼와 거북을 만들어보세요. 만들기를 하며 '토끼와 거북' 이야기를 자연스럽게 들려줄 수 있어요. 또한, 귤로 아이들이 만들고 싶은 것을 마음껏 만들면서 아이와 도란도란 이야기도 나눠보세요. 아이만의 멋진 이야기가 탄생할 거예요.

놀이 만들기

1. 귤껍질을 조금 길게 까서 토끼 귀를 만듭니다.

2. 이쑤시개 2개로 귀를 꽂아 세워줍니다.

3. 유성매직으로 눈, 코, 입을 그리고 또 다른 귤에 이쑤시개를 꽂아 토끼 몸을 만들어줍니다.

4. 몸통 부분 귤껍질을 조금 까서 토끼 손을 만들어 완성합니다.

5. 귤껍질을 까서 거북의 머리, 다리, 꼬리 모양을 만들고 이쑤시개로 머리 부분을 고정합니다. 눈, 등껍질을 유성매직으로 그려줍니다.

6. '토끼와 거북' 이야기를 하며 놀이합니다.

마음껏 놀아요 1

귤껍질을 까지 않고 이쑤시개를 꽂으며 놀이해보세요.

마음껏 놀아요 2

귤껍질에 그림을 그리며 놀이해요.

마음껏 놀아요 3

까놓은 귤껍질을 만지고 밟으며 촉감 놀이를 해요.

불빛 나는 핼러윈 호박

◇ **난 이 도** ★★☆
◇ **청 소 도** ★☆☆
◇ **대상 연령** 4세 이상

◇ **준비물** 단호박, 칼, 숟가락, 그릇, 쟁반, 초, 라이터

단호박으로 핼러윈 호박을 만들었어요. 아이의 작은 손끝으로 호박을 마음껏 느껴볼 수 있는 시간이 될 거예요. 핼러윈 호박을 만들기 전에 호박을 굴리면서 마음껏 갖고 놀게 해줘도 좋아요. 실컷 놀이한 후에 호박 속을 파서 구멍을 만들고 촛불을 넣어주면 빛나는 핼러윈 호박이 완성됩니다.

놀이 만들기

전자레인지에서 4~7분 정도 익히면 쉽게 자를 수 있어요.

1 단호박을 만져보고 관찰하며 탐색하는 시간을 갖습니다.

호박과 관련된 책이 있다면 함께 보며 놀이해요.

2 단호박 윗부분을 칼로 잘라줍니다.

3 호박 속을 관찰하고 속을 깨끗이 파줍니다.

4 칼로 눈, 코, 입을 만들어줍니다. 작은 호박이라면 코는 생략해도 좋습니다.

5 초에 불을 붙여 단호박 속에 넣어줍니다.

6 잘라낸 단호박의 윗부분을 닫으면 멋진 핼러윈 호박이 완성됩니다.

마음껏 놀아요 1

호박 구멍 사이로 입김을 불어 촛불 끄기 놀이를 해요.

마음껏 놀아요 2

호박 속 초를 이용해 놀아보세요. 유선지에 촛농을 떨어트리며 그림을 그려요.

표고버섯 배로 세계 여행

◇ 난 이 도 ★☆☆
◇ 청 소 도 ★☆☆
◇ 대상 연령 3세 이상

◇ 준비물   표고버섯, 세계지도, 색종이, 이쑤시개, 테이프, 가위

표고버섯으로 간단하게 배를 만들고 지도를 펼쳐 세계 여행을 떠나보세요. 놀이하면서 세계 여러 나라에 대해 알려줄 수 있고, 자연스럽게 5대양 6대주에 대해 이야기해줄 수 있어요. 간단하게 배만 만들어주면 아이들은 시간가는 줄 모르고 신기한 버섯 배와 세계지도에 빠져들어요.

놀이 만들기

1

2

3

색종이를 삼각형 모양으로 잘라 이쑤시개에 붙여서 깃발을 만들어줍니다.

표고버섯은 밑동을 떼 줍니다.

깃발을 꽂아 표고버섯 배를 만듭니다.

4

5

세계지도를 펼치고 5대양 6대주에 대해, 각 나라에 대해 간단히 이야기해줍니다.

배를 움직이며 마음껏 놀이합니다. 여러 개의 표고버섯 배를 이쑤시개로 연결해 기차를 만들어 놀이해봅니다.

마음껏 놀아요 1

표고버섯으로 고슴도치와 거북을 만들어보세요.

꼬물꼬물 포도 올챙이

◊ **난 이 도** ★☆☆
◊ **청 소 도** ★☆☆
◊ **대상 연령** 3세 이상

◊ **준비물** 포도, 포도 줄기, 그릇, 이쑤시개, 가위, 물

달달하고 맛있는 포도로 올챙이를 만들어보세요. 물론, 아이들이 포도를 실컷 먹고 난 후에야 가능한 놀이랍니다. 아이와 함께 포도로 개구리 알과 올챙이를 만들어보고, '올챙이 한 마리' 노래도 불러보세요.

놀이 만들기

> 청색 작은 포도에 줄기가 남아있으면 끼우기 편하지만, 작은 줄기가 떨어졌을 경우 이쑤시개를 활용해 끼워주세요.

1. 껍질을 깐 포도를 물이 담긴 그릇에 넣어 개구리 알을 만듭니다.

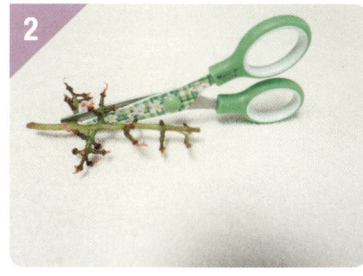

2. 포도 줄기를 가위로 잘라 뒷다리와 꼬리를 만들어줍니다.

3. 포도 알에 이쑤시개로 구멍을 내서 청색 작은 포도를 끼워 눈을 만들어줍니다.

4. 포도 알에 이쑤시개로 구멍을 내서 포도 줄기를 끼워 꼬리와 뒷다리를 만들어줍니다.

5. 물을 부은 그릇 속에 넣으면 뒷다리만 나온 올챙이가 완성됩니다.

6. 물 속의 개구리 알과 헤엄치는 올챙이를 보며 마음껏 놀이합니다.

무와 당근으로 모양 찍기

◇ 난 이 도 ★☆☆
◇ 청 소 도 ★★☆
◇ 대상 연령 3세 이상

◇ **준비물** 무, 당근, 모양 틀, 스케치북, 물감, 팔레트, 일회용 포크, 칼

무와 당근은 냉장고에 늘 있는 채소이지만 가끔 오래 보관해 신선도가 떨어질 때가 있어요. 그럴 때는 놀이재료로 사용해보세요. 무와 당근으로 퍼즐놀이와 도장 찍기 놀이도 하고 꽃밭도 만들어보며 신나게 놀아보세요.

놀이 만들기

1. 무와 당근을 만져보고, 냄새 맡고, 맛보며 탐색합니다.

2. 무와 당근을 얇게 자른 후, 모양 틀로 찍어 모양을 만듭니다.

3. 같은 모양을 낸 무와 당근을 서로 바꿔 퍼즐 맞추기 놀이를 해봅니다.

4. 모양을 낸 무와 당근을 일회용 포크로 찍어 손잡이를 만들어줍니다.

5. 물감을 묻혀 스케치북에 모양 찍기 놀이를 합니다.

6. 무와 당근으로 만든 멋진 작품이 완성됩니다.

마음껏 놀아요 1

모양을 낸 무와 당근에 이쑤시개를 꽂아 꽃밭을 만들어보세요.

마음껏 놀아요 2
모양을 내고 남은 부분을 활용해 스케치북이나 칠판에 붙여 색채우기를 해보세요.

수박껍질 수영장과 이글루

◇ **난 이 도** ★★☆
◇ **청 소 도** ★★☆
◇ **대상 연령** 3세 이상

◇ **준비물** 수박, 키친타월, 이쑤시개, 숟가락, 물, 칼, 가위

여름철에 가장 많이 먹는 과일인 수박을 먹고 그 껍질로 수영장과 이글루를 만들어보았어요. 아이들은 수박 껍질만으로도 상상의 나래를 펼치며 시간 가는 줄 몰라요. 수영장을 만들어 신나게 놀고, 에스키모 인이 된 것처럼 이글루로 놀이하는 모습에 한참을 웃었답니다.

놀이 만들기

1. 반을 자른 수박의 속을 깨끗이 파냅니다.

작은 수박은 반으로 자르고, 큰 수박은 높이가 너무 높지 않게 조금 더 잘라주세요.

2. 수박 껍질을 잘라 이쑤시개로 돛을 세워 배를 만들어줍니다.

3. 수박 껍질로 거북 모양을 만들고 이쑤시개를 꽂아 다리를 표현해 거북을 만듭니다. 그 위에 이쑤시개를 꽂은 수박을 얹으면 거북선도 만들 수 있습니다.

4. 깨끗이 비운 수박 통에 물을 붓고 배를 띄워 놀이합니다.

5. 미끄럼틀, 다리 등을 만들어 연결하고 마음껏 놀이합니다.

6. 수영장 놀이가 끝나면 물을 버리고 수박 껍질을 칼로 도려내서 문을 만들어줍니다. 그런 후 수박 껍질을 엎어놓고 껍질에 물을 묻혀줍니다.

7. 키친타월을 네모 모양으로 잘라 수박 껍질에 붙여주면 이글루가 완성됩니다.

키친타월 대신 화장 솜을 이용해도 좋아요.

새콤달콤
요거트 케이크

◇ **난 이 도** ★☆☆
◇ **청 소 도** ★★☆
◇ **대상 연령** 3세 이상

◇ **준비물** 요거트, 카스텔라 빵, 과일, 숟가락, 그릇, 쿠키 커터, 초, 칼

아이들은 직접 요리하는 것을 참 좋아해요. 한가한 휴일 오후에 집에 있는 과일을 활용해 간단한 케이크 만들기를 해보세요. 아이들은 쿠키 커터로 과일 찍기 놀이만 해도 재미있어해요. 멋진 요거트 케이크를 만든 후 촛불도 끄며 생일파티 놀이를 해보세요.

놀이 만들기

1. 케이크 만들 재료를 준비한 후 탐색하는 시간을 갖습니다.

2. 사과를 적당한 크기로 잘라 쿠키 커터로 눌러 모양을 만들어줍니다.

3. 카스텔라 빵에 요거트를 듬뿍 올려 골고루 바릅니다.

4. 모양을 낸 과일들을 빵 위에 얹어줍니다.

5. 요거트 케이크가 완성되면 초를 꽂고 불을 붙여 생일파티 놀이를 합니다.

마음껏 놀아요 1

미니 바나나와 블루베리를 꽂이에 꽂아 작고 귀여운 과일꼬치를 만들어보세요. 요거트에 찍어 먹으면 더 맛있고 재밌게 먹을 수 있어요.

식빵 아이스크림

- ◇ **난 이 도** ★☆☆
- ◇ **청 소 도** ★☆☆
- ◇ **대상 연령** 3세 이상

◇ **준비물** 식빵, 우유, 동그란 통, 음료수 병, 딸기 시럽, 초코 시럽, 약병, 지퍼 백

약병에 시럽을 넣어 준비해주세요. 아이가 직접 담아도 좋아요.

식빵과 우유로 아이스크림을 만들었어요. 아이들은 아이스크림이라는 말만 들어도 눈을 반짝이지요. 식빵 아이스크림을 만들자는 말에 호기심 가득한 얼굴로 놀이를 즐겨요. 새롭게 탄생된 식빵 아이스크림 맛에 아이들이 홀딱 반했답니다.

놀이 만들기

1. 음료수 병으로 식빵을 밀어줍니다.

밀대가 있으면 밀대를 사용해도 좋아요.

2. 딸기 시럽 혹은 초코 시럽을 골고루 부립니다.

3. 돌돌 말아서 한쪽에 놓아둡니다.

4. 동그란 통으로 식빵을 찍어 동그란 모양 식빵을 2개 만듭니다.

통이 없으면 쿠키 커터나 그릇을 활용하세요.

5. 딸기 시럽 혹은 초코 시럽을 골고루 뿌립니다.

6. 식빵을 덮어 샌드위치로 만듭니다.

7. 우유에 식빵을 적셔줍니다.

식빵에 우유가 스며들면 바로 빼 주세요. 식빵이 우유를 너무 많이 흡수하면 만들기 어려워져요.

8. 딸기 시럽 혹은 초코 시럽을 골고루 뿌립니다.

9. 식빵을 반으로 접어서 한쪽에 놓아둡니다.

10. 다양한 모양의 식빵이 완성되었습니다.

11. 지퍼 백에 모두 넣고 냉장고에서 4~5시간 이상 얼려줍니다.

12. 잘 얼린 식빵들을 칼로 먹기 좋게 자른 후 맛있게 먹습니다.

요거트 딸기잼 아이스크림

- ◇ **난 이 도** ★☆☆
- ◇ **청 소 도** ★☆☆
- ◇ **대상 연령** 3세 이상

- ◇ **준비물** 딸기잼, 요거트, 우유, 숟가락, 종이컵, 그릇, 원형 유산지 컵, 칼

요거트, 우유, 딸기잼을 섞어 간단하게 만든 맛있는 딸기 아이스크림이에요. 세 가지를 그릇에 넣고 빙글빙글 돌리며 즐겁게 놀이하고, 직접 만든 아이스크림을 먹는 재미를 느끼는 놀이이지요. 아이스크림 틀이 없어도 종이컵과 숟가락으로 만들 수 있으니 언제든 쉽게 만들 수 있어요.

놀이 만들기

비율은 기호에 따라 넣어주세요. 부드럽게 먹고 싶다면 요거트를 많이 넣고, 사각사각 얼음을 느끼고 싶다면 우유를 조금 더 넣으면 돼요. 딸기잼은 너무 많이 넣으면 당도가 높아지니 적당히 조절하세요.

1 그릇에 요거트, 우유, 딸기잼을 넣습니다.

2 요거트, 우유, 딸기잼을 잘 섞은 후 종이컵에 담아줍니다.

원형 유산지 컵이 없으면 호일이나 랩을 활용해도 좋아요.

3 숟가락을 꽂은 후 원형 유산지 컵을 펼쳐 칼집을 내서 끼워줍니다.

4 원형 유산지 컵을 종이컵에 잘 감싼 후 냉동실에 넣어 5~6시간 이상 꽁꽁 얼려줍니다.

5 잘 얼린 종이컵의 밑부분을 눌러 빼면 딸기 아이스크림이 완성됩니다.

마음껏 놀아요 1

다양한 크기의 종이컵 혹은 모양 틀에도 아이스크림을 만들어보세요.

모닝빵
피자 만두

◇ **난 이 도** ★★☆
◇ **청 소 도** ★★☆
◇ **대상 연령** 3세 이상

◇ **준비물** 모닝빵, 토마토 소스, 피자치즈, 숟가락, 칼, 도마, 볶은 채소(피망, 파프리카, 양파, 감자 등), 그릇

아이들에게 언제나 인기 좋은 피자만두예요. 만두피 대신 모닝빵으로 만든 모닝빵 피자만두이지요. 만두피로 만드는 것보다 쉬워 아이들도 곧잘 만든답니다. 오븐에 구워도 되고, 전자레인지에 돌려도 되고, 그냥 먹어도 돼요. 식감이 조금씩 다르니 입맛에 따라 만들어보세요.

놀이 만들기

1. 여러 가지 채소를 잘게 썬 후, 프라이팬에 볶아서 준비합니다.

2. 볶은 채소와 토마토소스, 피자치즈를 잘 섞어서 만두소를 만듭니다.

3. 모닝빵을 반으로 자르고 가운데 부분의 빵을 파냅니다.

4. 모닝빵 속에 만두소를 넣어줍니다.

5. 만두소를 다 넣은 후 모닝빵을 오므려 꼭꼭 눌러줍니다.

6. 예열한 오븐에 모닝빵 만두를 넣고 180℃에서 7~8분 정도 구워줍니다.

전자레인지에는 1분 30초 ~ 2분 정도가 적당해요.

7. 맛있는 모닝빵 피자만두가 완성되었습니다.

스틱 치즈
핫도그 주먹밥

◇ **난 이 도** ★☆☆
◇ **청 소 도** ★★☆
◇ **대상 연령** 4세 이상

◇ **준비물** 밥, 볶은 채소(호박, 감자, 당근, 양파 등), 들기름, 스틱 치즈, 그릇, 숟가락, 비닐장갑

채소를 듬뿍 넣고 핫도그 모양으로 만든 주먹밥이에요. 채소를 먹지 않는 아이도 직접 요리 활동을 하면 맛있게 채소를 먹는답니다. 좋아하는 음식 재료와 몸에 좋은 채소를 고루 넣어 주먹밥을 만들어보세요. 주먹밥도 아이들이 좋아하는 모양으로 다양하게 만들어보세요.

놀이 만들기

1. 여러 가지 채소를 잘게 썬 후 프라이팬에 볶아서 준비합니다.

2. 밥에 볶은 채소와 들기름을 넣습니다.

기호에 따라 소금 간을 살짝 해주세요.

3. 골고루 잘 섞어줍니다.

4. 꼭꼭 뭉쳐서 핫도그 모양의 주먹밥을 만듭니다.

치즈 대신 소시지를 활용해도 좋아요.

5. 주먹밥에 스틱 치즈를 끼워 꼭꼭 눌러줍니다.

6. 영양 만점 핫도그 주먹밥이 완성되었습니다.

마음껏 놀아요 1

스틱 치즈 대신 고구마나 소시지를 사용해 보고, 김 가루를 묻힌 핫도그 주먹밥도 만들어보세요.

간단한 어묵 떡꼬치

◇ **난 이 도** ★☆☆
◇ **청 소 도** ★☆☆
◇ **대상 연령** 3세 이상

◇ **준비물** 떡볶이 떡, 어묵, 소스, 솔, 그릇, 꼬치용 이쑤시개

떡은 프라이팬에 살짝 구워주고, 어묵은 데쳐서 준비하세요.

어묵과 떡볶이 떡으로 간단한 어묵 떡꼬치를 만들어보세요. 요리 활동은 아이들과 함께 하기에 어려울 것 같아도 생각보다 쉽고 간단하게 할 수 있는 것들이 많아요. 어묵 떡꼬치도 어묵과 떡을 꽂아 소스만 바르면 되는 간단한 요리예요. 소스 만들기도 아이와 함께 해보세요.

놀이 만들기

1

매운맛과 단맛은 고추장과 올리고당의 양을 적절하게 조절하면 돼요.

프라이팬에 다진 마늘 한 스푼과 버터 25g을 함께 넣고 볶다가 고추장 두 스푼과 올리고당, 물을 조금 넣고 끓여 소스를 만들어줍니다.

2

꼬치용 이쑤시개에 어묵과 떡볶이 떡을 꽂아 줍니다.

3

어묵 떡꼬치에 소스를 발라줍니다.

4

간단한 어묵 떡꼬치가 완성되었습니다.

마음껏 놀아요 1

떡볶이 떡과 어묵으로 사람을 만들어보세요.

소시지 원기둥 햄버거

◇ **난 이 도** ★☆☆
◇ **청 소 도** ★★☆
◇ **대상 연령** 4세 이상

◇ **준비물** 오이, 소시지, 머스타드 소스, 케첩, 식빵, 접시, 도마, 칼, 숟가락, 감자 칼, 비닐 랩

소시지는 삶아서 준비해주세요.

오이와 소시지로 만든 맛있는 원기둥 햄버거예요. 식빵을 활용해 간단하게 만들 수 있어요. 아이는 식빵 누르기, 오이 썰기, 소스 바르기 등을 하면서 엄마와 함께 재미있게 요리 놀이를 할 수 있지요. 햄버거 모양이 원기둥이라 아이들이 더욱 재미있어 한답니다.

놀이 만들기

1. 냄새 맡아보고 맛보며 재료를 관찰하고 탐색하는 시간을 갖습니다.

2. 식빵의 끝부분은 칼로 잘라줍니다.

3. 식빵을 눌러 납작하게 만들어줍니다.

4. 오이는 감자 칼을 이용해 얇게 썰어줍니다.

5. 식빵 위에 얇게 썬 오이를 얹고 식빵 크기에 맞게 자릅니다.

6. 오이 위에 머스타드 소스와 케첩을 바르고 햄을 올립니다.

7. 동그랗게 말아 비닐 랩으로 감싸 모양을 잡아줍니다.

8. 비닐을 벗기고 먹기 좋게 반으로 잘라 완성합니다.

고소한 과자 떡

◇ **난 이 도** ★★☆
◇ **청 소 도** ★★☆
◇ **대상 연령** 3세 이상

◇ **준비물** 백설기, 절구, 그릇, 모양 틀, 과자, 비닐 랩

냉동실에 보관 중인 백설기나 떡이 있다면 놀이 재료로 활용해보세요. "백설기로 새로운 떡을 만들어보자. 과자 고물이 묻어 있는 과자 떡을 만들자!"라고 이야기하면 두 귀가 쫑긋해서 집중하는 아이의 모습을 볼 수 있을 거예요.

놀이 만들기

1. 절구에 과자를 넣고 빻아서 과자 가루를 만듭니다.

과자는 바삭바삭해서 잘 빻아지는 과자로 준비하세요.

2. 과자 가루를 넓은 그릇에 옮겨 담습니다.

냉동실에서 꺼낸 떡은 찜기에 찐 후 식혀서 사용합니다.

3. 모양 틀에 비닐 랩을 깔고 떡을 꼭꼭 눌러 담아 여러 가지 모양을 만듭니다.

4. 모양을 낸 떡에 과자 가루를 골고루 묻혀줍니다.

5. 접시에 예쁘게 담으면 고소한 과자 떡이 완성됩니다.

마음껏 놀아요 1

과자에 잼을 붙여 다양한 모양을 만들면서 과자 놀이를 해보세요. 놀이 속에서 아이의 관심 분야가 표현돼요.

바깥놀이를 위해 밖으로 나가면 기분 좋은 햇살과 바람이 아이들을 반겨줍니다. 자연을 느끼며 하나가 되어 뛰어노는 것만으로도 좋지만, 때로는 특별한 시간을 선물해보세요. 엄마의 특별한 사랑을 담아 놀이를 준비하면 바깥놀이가 더 재미있고 풍요로운 시간이 됩니다. 이번 장에서는 댐 놀이, 썰매 타기, 가을 나무 만들기 등 자연에서 할 수 있는 놀이를 담았어요.

PART 7

햇살 좋은
바깥놀이

봄에 그리는 벚꽃 그림

◇ 난 이 도 ★☆☆
◇ 청 소 도 ★☆☆
◇ 대상 연령 3세 이상

◇ 준비물 벚꽃, 스케치북, 풀

예쁘게 핀 벚꽃이 꽃눈이 되어 휘날릴 때면 탄성이 절로 나와요. 벚꽃이 더 아름답게 느껴지는 것은 짧게 피고 지기 때문인 것 같아요. 벚꽃이 아쉬울 때는 예쁜 꽃잎으로 그림을 그려서 달래보세요. 아이들과 함께 자연의 변화에 대해 관찰할 수 있는 좋은 시간이 될 거예요.

놀이 만들기

1 스케치북에 풀을 칠합니다.

2 벚꽃 냄새를 맡아보고, 만져보며 관찰합니다.

3 벚나무 가지를 살짝 흔들어서 벚꽃이 떨어질 때 스케치북으로 꽃잎을 받습니다.

4 떨어진 꽃잎을 붙이며 그림을 그려봅니다.

5 떨어져 있는 나뭇잎과 나뭇가지를 활용해 꾸며봅니다.

6 봄 냄새 물씬 풍기는 벚꽃 그림이 완성됩니다.

지구를 사랑해

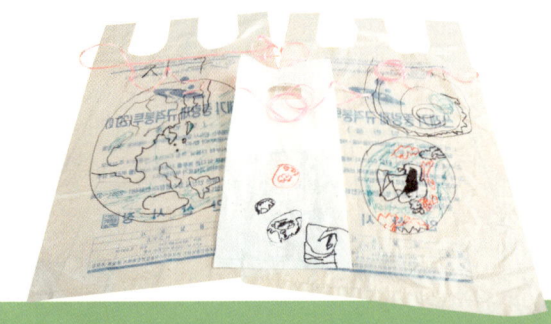

- **난 이 도** ★☆☆
- **청 소 도** ★★★
- **대상 연령** 5세 이상

◇ **준비물** 종량제 봉투, 유성매직, 끈, 테이프, 집게

4월 22일은 환경오염 문제의 심각성을 알리기 위해서 제정한 '지구의 날'이에요. '지구의 날'을 맞이해서 아이와 함께 이야기를 나누고 환경보호를 위해 할 수 있는 작은 일을 실천해보세요. 쓰레기를 주워본 아이는 쓰레기를 함부로 버리지 않는답니다.

놀이 만들기

1. 종량제 봉투에 지구 그림, 환경과 관련된 그림을 그립니다.

2. 종량제 봉투의 입구 부분에 테이프로 끈을 달아줍니다.

3. 쓰레기 담을 봉투를 허리에 묶어 고정시켜줍니다.

4. 어느 곳의 쓰레기를 주울 것인지 아이 스스로 계획하고 결정하게 합니다.

5. 아이가 계획한 길을 부모와 함께 걸으며 쓰레기를 주워 봉투에 담습니다.

6. 쓰레기를 얼마나 많이 주웠는지 확인하며 칭찬해줍니다.

보랏빛 버찌열매 놀이

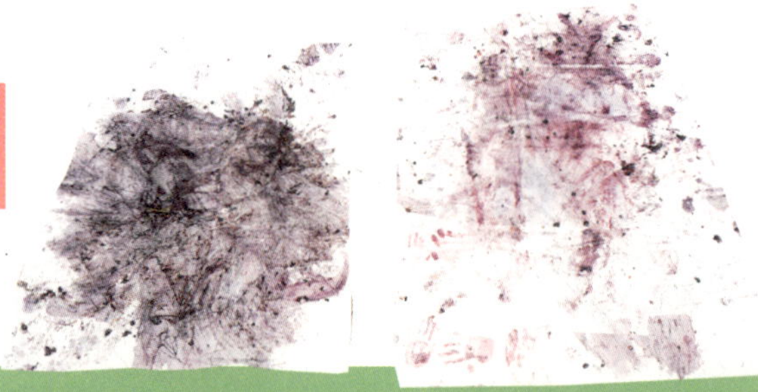

◇ **난 이 도** ★☆☆
◇ **청 소 도** ★★☆
◇ **대상 연령** 3세 이상

◇ **준비물** 전지, 종이컵, 물티슈

버찌 열매는 벚나무의 열매예요. 아이들이 열매를 발로 밟고, 주워 노는 모습을 보고 마음껏 놀라고 하얀 전지를 깔아주었어요. 하얀 전지를 깔아주기만 해도 아이들은 화가가 되어 멋진 창작물을 만들어낸답니다.

놀이 만들기

1. 버찌 열매가 많이 떨어져 있는 곳을 찾아갑니다.

버찌 열매 외에도 예쁜 색이 나는 열매라면 어떤 것도 좋아요.

2. 버찌 열매를 종이컵에 주워 담습니다.

3. 전지를 깔고 전지에 버찌 열매를 떨어뜨리며 놀이합니다.

4. 버찌 열매를 발로 밟아 전지에 열매 물을 들이며 놀이합니다.

옷과 신발은 열매의 물이 들어도 괜찮은 것으로 준비해주세요.

5. 전지 위에서 춤을 추며 마음껏 놀이합니다.

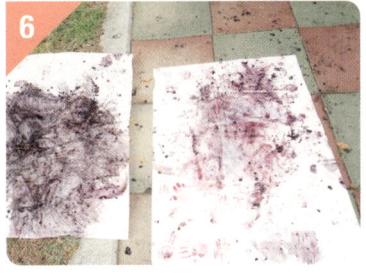

6. 아이들이 그린 멋진 그림을 잘 말린 후 가져갑니다.

주르륵 긴 물길과 댐

◇ **난 이 도** ★★☆
◇ **청 소 도** ★☆☆
◇ **대상 연령** 3세 이상

◇ **준비물** 우유갑(1L) 4개, 송곳, 테이프, 가위, 물

우유갑으로 긴 물길을 만들고 손잡이가 있는 댐을 만들어보았어요. 댐을 가지고 공원이나 놀이터에 나가 물을 부으며 댐 놀이를 해보세요. 물길에 나뭇잎을 띄워 놀이해도 좋아요. 놀이를 통해 홍수와 가뭄에 대해서 이야기하는 시간을 가져보세요.

놀이 만들기

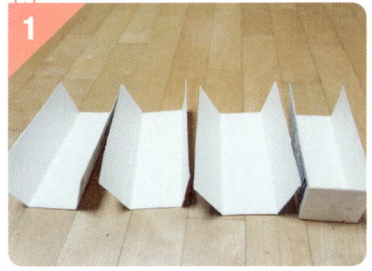

1 우유갑 3개를 사진처럼 자르고, 우유갑 1개는 밑면을 남기고 자릅니다.

2 밑면은 둘레 1.5cm 정도를 남기고 잘라줍니다.

3 여백을 남긴 아랫부분에 송곳으로 구멍을 뚫습니다.

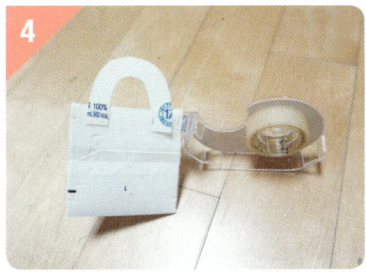

4 잘라낸 밑면을 활용해 손잡이가 있는 받침을 만들어줍니다.

5 우유갑 4개를 테이프로 붙여 연결해줍니다.

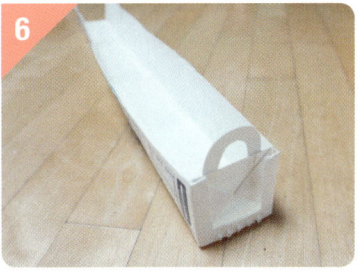

6 네모 모양으로 잘라낸 받침을 우유갑 끝부분에 끼워주면 댐이 완성됩니다.

> 화장실이나 수돗가 근처 등 물을 쉽게 뜰 수 있는 곳에서 놀이하세요.

7 비스듬한 곳에 올려놓고 물을 붓습니다.

8 물이 어떻게 흐르고 끝에서는 어떻게 나오는지 관찰합니다.

> 아이가 손잡이를 잡고 놀이할 때 엄마가 물을 부어주세요.

9 손잡이를 잡고 '열었다 닫았다'하며 마음껏 놀이합니다.

내가 만든 가을나무

◇ **난 이 도** ★☆☆
◇ **청 소 도** ★☆☆
◇ **대상 연령** 3세 이상

◇ **준비물** 여러 가지 나뭇잎, 나뭇가지, 테이프, 스티로폼 상자

아이와 함께 아름다운 가을풍경을 감상하고 떨어진 나뭇잎과 나뭇가지를 주워와 작은 가을나무를 만들어보세요. 집에서도 아름다운 가을을 느낄 수 있답니다.

놀이 만들기

낙엽을 주울 때는 앞뒷면을 살펴 깨끗한 낙엽을 줍고, 다양한 색과 모양의 낙엽들을 모아주세요.

1. 공원으로 나가 아이와 함께 붉게 물든 나뭇잎들을 감상합니다.

2. 땅에 떨어져 있는 나뭇잎과 나뭇가지를 줍습니다.

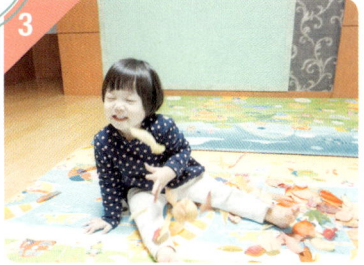

3. 집으로 가져와 낙엽을 만져보고 뿌리면서 실컷 놀이합니다.

4. 나뭇가지를 테이프로 묶고 스티로폼 상자에 꽂아 고정시킵니다.

5. 테이프로 나뭇잎을 나뭇가지에 붙여줍니다.

6. 알록달록 여러 나뭇잎이 어우러진 예쁜 가을 나무가 완성되었습니다.

하얀 눈 도화지에 그림 그리기

◇ **난 이 도** ★☆☆
◇ **청 소 도** ★☆☆
◇ **대상 연령** 3세 이상

◇ **준비물** 약병, 물감

하얀 눈이 내려 소복이 쌓이면 곳곳에 드넓은 도화지가 펼쳐져요. 하얗게 펼쳐진 눈 도화지에 알록달록 예쁜 물감으로 마음껏 그림을 그려봐요. 주제도 제목도 없이 오롯이 아이 마음껏 신나게 그림을 그려요. 다 그린 후에는 사진으로 찍어 오래도록 간직하세요.

 ## 놀이 만들기

1. 약병에 물감을 타서 물감 물을 준비합니다.

2. 하얀 눈이 덮인 넓은 곳에 물감을 뿌려 마음껏 그림을 그려봅니다.

3. 멋진 그림이 완성되면 사진으로 찰칵 찍어 간직합니다.

눈 위에 물감이나 물을 뿌리면 바닥이 얼어 미끄러워질 수 있으니 사람들이 다니지 않는 한적한 곳에서 놀이해주세요.

썰매를 타고 씽씽

◇ **난 이 도** ★★☆
◇ **청 소 도** ★☆☆
◇ **대상 연령** 3세 이상

◇ **준비물** 과일상자(대), 에어캡, 박스테이프, 송곳, 끈

눈이 소복이 쌓인 날 엄마표 썰매를 만들어 아이와 특별한 날을 보내보세요. 비료 부대를 썰매로 만들어 친구들과 온종일 신나게 놀았던 이야기도 해주고, 썰매 타는 법도 알려주세요. 간단하게 만든 썰매이지만, 씽씽 잘 나아간답니다.

 ## 놀이 만들기

1 과일상자 겉면을 에어캡으로 감싼 후 테이프로 고정시킵니다.

2 과일상자 안쪽도 에어캡으로 감싼 후 테이프로 고정시킵니다.

3 앞쪽 가운데 부분에 송곳으로 구멍을 2개 뚫어줍니다.

4 끈이 잘 들어갈 수 있게 가위를 이용해 구멍을 크게 만들어줍니다.

5 구멍에 끈을 넣고 단단히 묶어줍니다.

6 과일상자 썰매가 완성되었습니다.

7 집에서 한번 끌어보며 부족한 부분을 보완해 줍니다.

마음껏 놀아요 1

과일상자 썰매와 일반 썰매 중 누가 빨리 나가는지 시합해보세요.

놀이로 키우는 교육
아이는 놀이 마술사

초판 1쇄 인쇄   2017년 5월 15일
초판 1쇄 발행   2017년 5월 19일

지 은 이   이지선
펴 낸 이   박수길
펴 낸 곳   미래지식
책임 편집   김아롬
디 자 인   김여울

주   소   경기도 고양시 덕양구 통일로 140 삼송테크노밸리 A동 3층 333호
전   화   02)389-0152
팩   스   02)389-0156
홈페이지   www.miraejisig.co.kr
전자우편   miraejisig@naver.com
등록번호   제 313-2004-00067호

* 이 책의 판권은 미래지식에 있습니다.
* 값은 표지 뒷면에 표기되어 있습니다.
* 잘못된 책은 구입하신 서점에서 바꾸어 드립니다.

ISBN 978-89-6584-360-3 13590

이 도서의 국립중앙도서관 출판예정도서목록(CIP)은 서지정보유통지원시스템 홈페이지(seoji.nl.go.kr)와
국가자료공동목록시스템(www.nl.go.kr/kolisnet)에서 이용하실 수 있습니다.
CIP제어번호 : CIP2017009200

* 미래라이프는 미래지식의 취미실용 브랜드입니다.
* 미래지식은 좋은 원고와 책에 관한 빛나는 아이디어를 기다립니다. 이메일(miraejisig@naver.com)로
   간단한 개요와 연락처 등을 보내주시면 정성껏 고견을 참고하겠습니다. 많은 응모바랍니다.

* 이 책은 한국출판문화산업진흥원의 출판콘텐츠 창작자금을 지원받아 제작되었습니다.